HOME PARTY STAR

수작 걸다

INTRO

"높은 구두를 신고 어떻게 파티 스타일링을 하세요?" 처음 뵙는 분들에게 듣는 한결같은 이야기예요. 저는 하이힐을 즐겨 신는 파티 플래너입니다. 좋은 신발이 좋은 곳으로 데려다준다는 말이 있듯, 멋지고 예쁜 것들을 한데 모아놓은 파티가 일상을 조금 더 즐겁고 윤택하게 해준다고 믿기에 저 또한 아끼는 구두를 신고 정성을 담아 파티를 준비합니다.

파티는 행복한 시간과 유쾌한 공간을 나누는 이벤트입니다. 누군가에게는 두고두고 꺼내볼 수 있는 의미 있는 추억이 되기도 하지요. 에너지가 부족한 날 당을 보충해주는 사탕이나 초콜릿처럼요. 무미건조한 일상을 달콤하게 해주는 축제가 다름 아닌 '파티' 아닐까 합니다. 이것이야말로 파티가 주는 긍정적 에너지일 테지요. 11년째 파티 플래너로 살아가는 이유입니다.

〈HOME PARTY STAR〉는 파티가 주는 행복감을 나누고자 준비한 책입니다. 파티를 더 즐겁게 해주는 알짜배기 아이템을 소개하고, 공간을 멋지게 빛내주는 아이디어를 담았습니다. 쉽게 따라하실 수 있도록 꼭 필요한 도안과 이미지도 선별해 넣었습니다. 만들기에 서툴러도 어렵지 않도록 지면이 허락하는 한 세세하게 설명하고자 했습니다.

파티 분위기를 한껏 살려주는 '케이크의 꽃' 토퍼, 주인공을 더욱 돋보이게 하는 '인싸템' 파티햇, 감사의 마음을 전하는 답례품인 구디백 등 파티를 위한 아이템을 기본으로 도움이 될 만한 내용으로 알차게 꾸리고자 했습니다.

아이가 첫 사회생활을 시작하는 어린이집이나 유치원만 가도 생일은 물론 핼러윈, 크리스마스 등을 허투루 넘길 수 없는 것이 요즘의 놀이 문화입니다. 쥬마뻴 파티 클래스의 인기 아이템을 포함해 키즈파티 위주로 구성하고 유독 신경을 쓴 이유입니다. 어른을 위한 아이템으로도 손색없으니 파티 주인공에게 어울리도록 개성을 살려 활용해보세요. 아이와 함께하기 좋은 내용은 놀이 시간으로도 안성맞춤일 거예요.

파티 스타일링 파트에서는 기본 아이템으로 어떻게 공간을 구성하는지, 그 예시를 보여드립니다. 전문가가 아니더라도 근사한 공간으로 꾸밀 수 있도록 독자들이 가장 궁금해할 만한 내용으로 심사숙고했습니다. 무지개·공룡·데이지·핼러윈·크리스마스 등 가장 인기 있고 유용한 콘셉트 다섯 가지 안에서 친근한 재료가 품나게 변신하는 과정을 눈여겨 봐주세요. 아이디어가 돋보이는 간단한 만들기부터 품은 적잖게 들지만 인테리어 효과를 톡톡히 볼 수 있는 행잉이나 피냐타 같은 아이템까지, SNS나 잡지 화보에서 보아온 것들을 손수 만들어보실 수 있습니다.

쥬마뻴(Je m'appelle)은 프랑스어로 '나의 이름은'입니다. 자기소개를 시작하는 첫 어두이지요. 경계를 두지 않고 다양한 분야의 일을 아우르며 잘 표현해내고 싶은 의지를 담아 이름 지었습니다. 슈퍼우먼이나 원더우먼을 꿈꾸는 것이 아니라 특별한 순간을 빛내주는 든든한 파티 플래너가 되고자 합니다. 쥬마뻴의 시작이 그러했듯이, 〈HOME PARTY STAR〉 또한 파티의 주인공을 반짝이는 스타로 만드는 데 조금이나마 보탬이 되기를 바랍니다.

더불어 파티 스타일리스트가 예술가로 인정받는 날까지, 할머니가 되어도 핑크색 구두를 신는 멋지고 창의력 넘치는 파티 플래너가 되도록 꾸준히 노력할 거라는 다짐도 담아둡니다.

기획하고 마무리하는 1년여의 작업 기간 동안 함께한 신민주 에디터님, 김정한 사진작가님, 스태프로 일꾼이 되어준 수진·명현·예지·지영·주화 님 그리고 책을 쓸 수 있게 용기를 주신 박선희 선생님, 늘 응원을 아끼지 않은 가족과 친구들, 특히 묵묵히 곁을 지켜준 남편 그리고 엄마를 기다려준 사랑하는 두 딸 유주와 제이에게 진심을 담아 감사한 마음을 전합니다.

Jemappelle 조진영

AWW! AWWW! WHAT A WONDERFUL PARTY!

CONTENTS

INTRO　　　　　　　　　　　　　　　　　　8

1. MATERIAL

종이와 패브릭　　　　　　　　　　　　　18
유용한 부자재　　　　　　　　　　　　　20
기본 도구와 전문 도구　　　　　　　　　22
풍선과 관련 용품　　　　　　　　　　　24

2. ITEM

TOPPER 토퍼

핼러윈 고스트 토퍼　　　　　　　　　　30
아기자기 숫자 토퍼　　　　　　　　　　32
이니셜 토퍼　　　　　　　　　　　　　34
플라워 가든 토퍼　　　　　　　　　　　36
고깔 스마일 토퍼　　　　　　　　　　　42
보석 토퍼　　　　　　　　　　　　　　44
베이직 풍선 토퍼　　　　　　　　　　　46
풍선 다발 토퍼　　　　　　　　　　　　48
공룡과 말풍선 토퍼　　　　　　　　　　52
하트 풍선 토퍼　　　　　　　　　　　　54
무지개 번팅 토퍼　　　　　　　　　　　56
컬러 태슬 번팅 토퍼　　　　　　　　　58
태슬 갈런드 토퍼와 아이 얼굴 토퍼　　62
공주 드레스 토퍼　　　　　　　　　　　64
스노볼 셰이커 토퍼　　　　　　　　　　66
크리스마스 트리 토퍼　　　　　　　　　68

PARTY HAT
파티햇

기본 파티햇	74
심플 스타일링 밴드 파티햇	78
글로시 컨페티 파티햇	80
스마일 패브릭 파티햇	82
크리스마스 트리 파티햇	84
태슬 펠트 파티햇	86
핼러윈 눈알 파티햇	90
데이지 꽃 파티햇	92
공주님 파티햇	94
컨페티 미니 왕관	98
오싹오싹 해골 머리띠	100
겨울왕국 왕관 머리띠	102
반짝이 모루 왕관	104
풍선 괴물 파티햇	106

GOODY BAG
구디백

스마일 캔디 미니 부케	112
롤리팝 플라워 패키지	114
재밌는 표정 캔디 패키지	116
각양각색 젤리 꼬치	118
컬러풀 폼폼 패키지	120
내 맘대로 장식 에코백	124
커스텀 디자인 가방	126
입체 아이스크림 쇼핑백	128
컨페티 망사 리본 쇼핑백	130
내가 꾸민 컵	132

	씽씽 장난감 자동차 구디박스	134
	스마일 풍선 구디박스	138
	무시무시 몬스터 구디박스	140
	반짝반짝 컨페티 패키지	142
	검볼 머신 패키지	144
ADD TO ITEMS	웰컴 카드	148

3. STYLING

RAINBOW 무지개	무지개 실사물	160
	무지개 벌룬 클라우드	162
	큼직한 무지개 풍선	164
DINOSAUR 공룡	자투리 모음 웰컴 보드	172
	둥둥 헬륨 풍선 다발	174
	반짝이 숫자 센터피스	176
	열대 벌룬 클라우드	178
FLOWER 꽃	데이지 꽃 피냐타	184
	커다란 숫자 보드	188
	꽃 벌룬 클라우드	190

HALLOWEEN
핼러윈

종이 박쥐 장식	196
고스트 행잉	198
블링블링 오브 풍선	200
삼각 깃발 갈런드	202

CHRISTMAS
크리스마스

빛나는 별 행잉	208
스마일&무지개 오너먼트	210
레터링 웰컴 보드	212
동글동글 링커 풍선 갈런드	214
선물 상자 피냐타	216

ADD TO STYLINGS

배경판 — 220

4. TEMPLATE

다양한 도안과 이미지 — 228

1. MATE-RIAL

재료

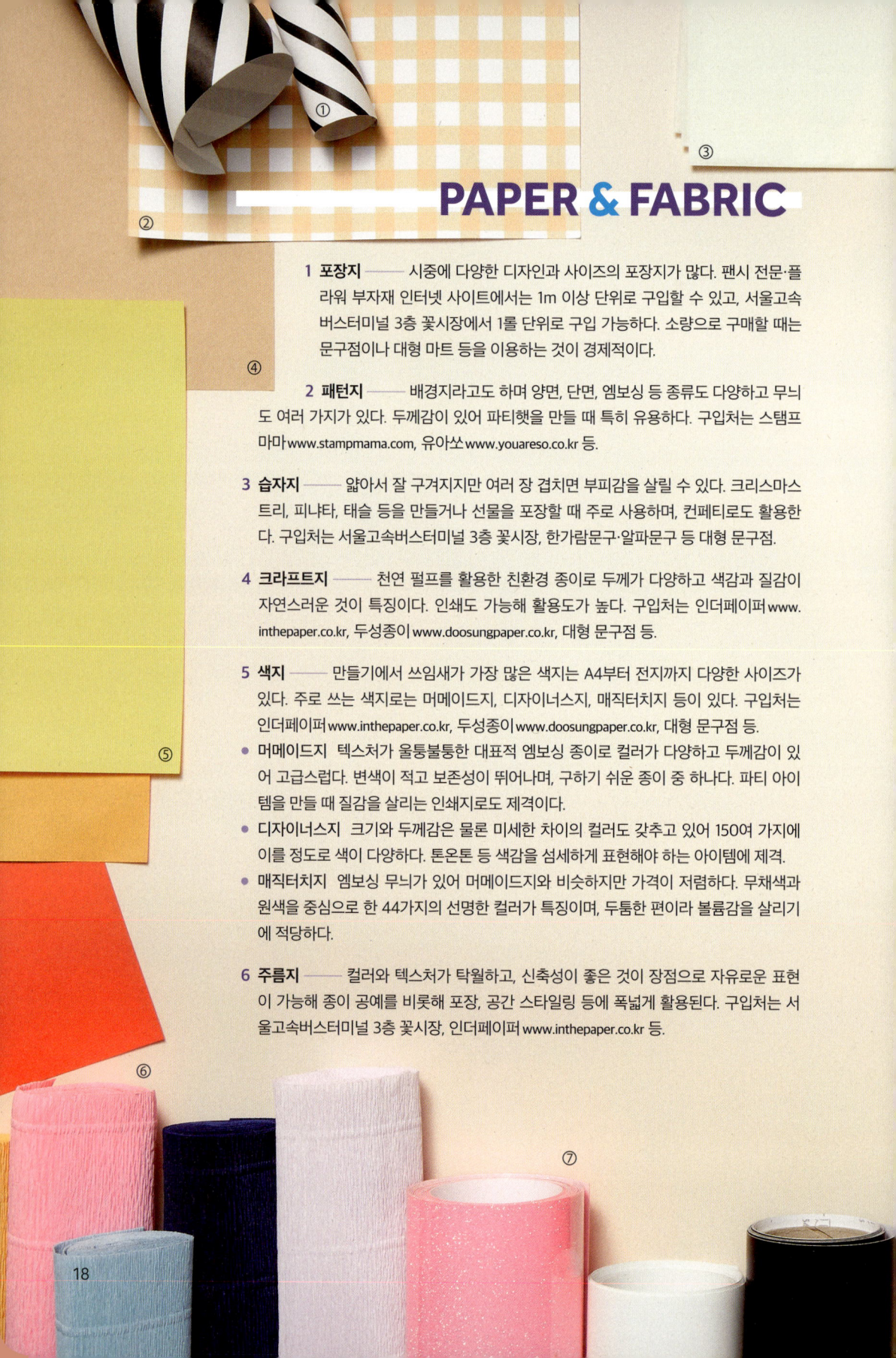

PAPER & FABRIC

1 포장지 ── 시중에 다양한 디자인과 사이즈의 포장지가 많다. 팬시 전문·플라워 부자재 인터넷 사이트에서는 1m 이상 단위로 구입할 수 있고, 서울고속버스터미널 3층 꽃시장에서 1롤 단위로 구입 가능하다. 소량으로 구매할 때는 문구점이나 대형 마트 등을 이용하는 것이 경제적이다.

2 패턴지 ── 배경지라고도 하며 양면, 단면, 엠보싱 등 종류도 다양하고 무늬도 여러 가지가 있다. 두께감이 있어 파티햇을 만들 때 특히 유용하다. 구입처는 스탬프마마 www.stampmama.com, 유아쏘 www.youareso.co.kr 등.

3 습자지 ── 얇아서 잘 구겨지지만 여러 장 겹치면 부피감을 살릴 수 있다. 크리스마스 트리, 피냐타, 태슬 등을 만들거나 선물을 포장할 때 주로 사용하며, 컨페티로도 활용한다. 구입처는 서울고속버스터미널 3층 꽃시장, 한가람문구·알파문구 등 대형 문구점.

4 크라프트지 ── 천연 펄프를 활용한 친환경 종이로 두께가 다양하고 색감과 질감이 자연스러운 것이 특징이다. 인쇄도 가능해 활용도가 높다. 구입처는 인더페이퍼 www.inthepaper.kr, 두성종이 www.doosungpaper.co.kr, 대형 문구점 등.

5 색지 ── 만들기에서 쓰임새가 가장 많은 색지는 A4부터 전지까지 다양한 사이즈가 있다. 주로 쓰는 색지로는 머메이드지, 디자이너스지, 매직터치지 등이 있다. 구입처는 인더페이퍼 www.inthepaper.co.kr, 두성종이 www.doosungpaper.co.kr, 대형 문구점 등.

- **머메이드지** 텍스처가 울퉁불퉁한 대표적 엠보싱 종이로 컬러가 다양하고 두께감이 있어 고급스럽다. 변색이 적고 보존성이 뛰어나며, 구하기 쉬운 종이 중 하나이다. 파티 아이템을 만들 때 질감을 살리는 인쇄지로도 제격이다.
- **디자이너스지** 크기와 두께감은 물론 미세한 차이의 컬러도 갖추고 있어 150여 가지에 이를 정도로 색이 다양하다. 톤온톤 등 색감을 섬세하게 표현해야 하는 아이템에 제격.
- **매직터치지** 엠보싱 무늬가 있어 머메이드지와 비슷하지만 가격이 저렴하다. 무채색과 원색을 중심으로 한 44가지의 선명한 컬러가 특징이며, 두툼한 편이라 볼륨감을 살리기에 적당하다.

6 주름지 ── 컬러와 텍스처가 탁월하고, 신축성이 좋은 것이 장점으로 자유로운 표현이 가능해 종이 공예를 비롯해 포장, 공간 스타일링 등에 폭넓게 활용된다. 구입처는 서울고속버스터미널 3층 꽃시장, 인더페이퍼 www.inthepaper.co.kr 등.

⑧

⑩

⑨

7 **시트지** ─── 비닐 소재로 앞면에 컬러와 이미지가 프린트 되어 있고, 뒷면 접착면에 보호지가 붙어 있다. 유광, 무광, 글리터(반짝이), 오로라 등 종류가 다양하며, 원하는 모양이나 글자를 가위나 칼로 잘라 포인트로 연출할 때 많이 쓰인다. 구입처는 토리1004 www.tory1004.co.kr, 대형 문구점 등.

8 **열전사지** ─── 다양한 색과 패턴이 있는 것과 인쇄할 수 있는 것이 있으며, 프린터에 따라 잉크젯과 레이저 용도로 나뉜다. 뒷면에 눈금 보호지가 있는데, 인쇄할 때는 반드시 반전해서 출력해야 한다. 낱장 판매도 하므로 가정에서 에코백은 물론 의류에 활용하기에도 좋다. 구입처는 토리1004 www.tory1004.co.kr, 써니스코파 www.scopa.co.kr 등.

9 **물전사지** ─── 도자기나 유리 제품에 제격이며, 세척해도 지워지지 않는다. 레이저 프린터 용이 작업하기에 편리하다. 구입처는 써니스코파 www.scopa.co.kr, 대형 문구점 등.

10 **마시멜로지** ─── 친환경 종이로 질감이 매끈매끈하면서 탄력이 좋아 섬세한 표현이 가능하다. 출판용으로 많이 쓰이는 만큼 인쇄 퀄리티가 좋은 것이 장점이다.
  tip 열전사지, 물전사지, 마시멜로지, 머메이드지는 파티 아이템을 만들 때 인쇄지로 유용하다. 프린터 기기에 따라 장단점이 있는데, 잉크젯 프린터는 색감 표현은 좋으나 인쇄 후 습기에 약한 편이고, 레이저 프린터는 색감 표현은 아쉬우나 인쇄 후 습기에 강해 보존력이 우수하다. 단, 레이저 프린터에는 머메이드나 매직터치지와 같이 엠보싱이 있는 경우 인쇄가 되지 않으므로 주의한다. 집에 프린터가 없다면 문구점에서도 인쇄가 가능하니 참고한다.

11 **펠트** ─── 파티햇 등 파티 아이템을 만들 때 필수라 할 만큼 쓰임이 많은 펠트는 크기와 색상, 재질이 다양하다. 자연미가 있어 솜씨가 능숙하지 않은 초보자가 사용하더라도 아이템의 완성도가 떨어져 보이지 않고, 보존력이 우수하다. 구입처는 동대문종합시장 9층, 디웨이 www.dway.co.kr, 태양이네 etaeyang.com 등.

12 **원단** ─── 원단은 대개 1마(90cm) 단위로 판매한다. 주로 테이블클로스나 배경판을 만들 때 활용하지만 파티햇을 만들 때 사용하면 볼륨감을 더해준다. 구입처는 동대문종합시장 9층, 천가게 www.1000gage.co.kr 등.

⑪

⑫

VARIATION

1 **리본** —— 원단·메탈·망사 등 소재는 물론 색감과 패턴이 다양한 리본은 파티용품을 만들 때 가장 유용하고 장식 효과가 큰 재료 중 하나다. 구입처는 동대문종합시장 9층, 리본태 ribbontae.com 등.

2 **스트리머** —— 가로무늬의 재질감과 늘어지는 특성을 가진 스트리머는 풍선 데코레이션으로도 더없이 좋고, 요즘은 벽에 줄을 걸고 여러 가닥을 늘어뜨리는 배경 장식으로도 인기다. 구입처는 조이파티 www.joyparty.co.kr 등.

3 **종이빨대** —— 환경 보호를 실천하는 대표 아이템인 만큼 요즘은 종이빨대의 패턴과 색상이 다양하다. 파티 아이템에서는 꼬치 대용이나 손잡이로 많이 쓰이며, 귀여운 느낌을 더해준다. 대형 문구점이나 대형 마트에서 다양하게 구입 가능.

4 **종이컵** —— 그 자체가 파티용품인 종이컵은 색상과 패턴이 다양해서 파티 아이템을 만들 때도 유용하다. 대형 문구점이나 대형 마트에서 다양하게 구입 가능.

5 **모루** —— 다양한 색상과 질감이 있으며, 잘 구부러져 파티 아이템을 만들 때나 포장할 때 사용하면 재미있는 연출이 가능하다. 문구점에서 쉽게 구할 수 있다.

6 **PVC 반구** —— 투명한 돔 안에 사진이나 컨페티, 미니 폼폼 등을 넣어 장식용 오브제로 만들거나 간식을 넣은 구디백 포장을 할 때 많이 쓰인다. 하트 모양도 있으며 아크릴 소재로도 나와 있다. 인터넷 사이트에서 쉽게 구입할 수 있다.

7 **스티커** —— 문자, 이미지, 도형 등 모양이 여러 가지인 스티커는 붙이기만 하면 돼 꾸미기에 간단히 사용할 수 있고, 문구점에서도 쉽게 구할 수 있다.

8 **투명 오너먼트 볼** —— 원형, 별, 하트 등 모양이 있으며, 트리를 장식하는 오너먼트는 물론 컨페티, 비즈 등 부자재를 넣어 마법봉을 만들 때 유용하다.

9 **컨페티** ——— 파티 피날레를 장식하는 꽃이나 종잇조각 등을 가리키는 컨페티는 쓰임새가 많은 재료다. 요즘은 색상, 재질, 크기, 모양 등이 다양한데, 투명한 풍선·OHP 필름·비닐 포장지 등에 넣어 파티용품 DIY와 선물 포장에 활용하면 유니크한 매력을 더할 수 있다. 구입처는 조이파티 www.joyparty.co.kr, 어라운드925 around925.com 등.

10 **태슬** ——— 습자지와 메탈 재질로 이뤄진 태슬은 풍선 장식이나 피냐타 만들 때 가장 많이 쓰이는 재료로, 그 자체가 멋진 갈런드이기도 하다. 화려한 파티 분위기를 연출할 때 제격이다. 어라운드925 around925.com 등 인터넷 사이트에서 구입 가능.

11 **폼폼 레이스 끈** ——— 폼폼이 달려 있는 끈으로 귀여운 느낌을 더해준다. 토퍼, 파티햇, 구디백 등 파티 아이템을 만들 때나 선물을 포장할 때 유용하다. 동대문종합시장(1·2층), 인터넷 사이트에서 구입 가능.

12 **털실** ——— 털실은 색상과 소재가 다양해서 포장재에 감아서 연출하기도 하고, 여러 번 감아 태슬이나 폼폼을 직접 제작할 때도 쓰인다.

13 **폼폼·비즈 등 다양한 부자재** ——— 폭신하고 동그란 모양이 특징인 폼폼은 글루건으로 붙이면 어디에나 잘 붙어 파티용품 만들기에 폭넓게 사용된다. 스마일, 꽃, 패치, 태슬 등도 많이 쓰이는 아이템이다. 구입처는 동대문종합시장 9층과 더펀즈 thefunz.co.kr 등.

14 **글리터 가루** ——— '반짝이 가루' '반짝이'로도 불리는데, 레터링이나 디자인 포인트로 연출해 웰컴 카드나 초대장을 화려하게 꾸밀 때 특히 안성맞춤이다. 넓은 면적에는 스프레이 접착제를, 글씨 등 모양을 꾸밀 때는 펜 형태의 투웨이 글루(2WAY GLUE)를 뿌리고 반짝이를 뿌린다.

15 **OHP 필름** ——— 아이들 미술놀이에도 많이 쓰이는 OHP 필름은 셀로판지와 같은 투명한 필름 용지다. 컨페티와 함께 파티햇을 만들 때 필요하다.

16 **OPP 봉투** ——— 구디백 포장에 많이 쓰이는 비닐봉투로, 접착형과 비접착형이 있다. 접착형 구매 시 사이즈에 '+'로 게재된 부분은 플랩(밀봉 부위) 길이를 가리킨다.

TOOL_BASIC

1 테이프
- 마스킹테이프 종이를 제외한 재질에 여러 번 붙였다 떼었다 할 수 있는 종이테이프. 손으로 쉽게 찢어 쓸 수 있고 자국이 남지 않는다. 다양한 색상과 크기, 여러 디자인의 프린트가 많아 활용도가 높다. 포장이나 장식은 물론 임시로 부착해야 하는 경우에 사용한다.
- 양면테이프 포장할 때는 물론 다른 재질을 서로 붙일 때, 좁은 시접을 붙일 때 등 쓰임이 다양하다.
- 셀로판테이프 일반적으로 가장 많이 쓰이는 접착테이프.

2 펀치 ─── 가장 많이 쓰이는 것은 둥근 모양의 구멍을 만들 때 사용하는 손잡이형과 스테플러형이다. 다양한 구멍의 펀치를 사용하면 파티 아이템을 만들 때 장식 효과를 더할 수 있다.

3 핀셋 ─── 스티커, 컨페티 등 크기가 작은 내용물을 붙일 때나 위생상 손가락이 직접 닿지 않아야 할 때 사용하면 편하다.

4 딱풀 ─── 립스틱 형태의 고체형 풀로, 면적이 좁은 부분이나 얇은 종이를 붙이기에 좋다. 포스트잇처럼 쓰는 임시 접착용 딱풀도 있다.

5 목공풀 ─── 부착 후 어느 정도 시간이 지나면 투명해지면서 딱딱하게 굳기 때문에 얼마든지 수정이 가능하다. 크래프트에서 많이 쓰이는 풀이다.

6 가위 ─── 가장 기본적인 도구. 촬영한 가위는 절삭력이 뛰어난 쵸키가위로 양쪽 손잡이 모양이 같아 오른손잡이는 물론 왼손잡이도 사용하기 편하다.

7 네임펜&연필 ─── 네임펜은 번지거나 지워지지 않아 이름, 메시지 등을 적을 때 주로 사용한다. 연필은 종이에 도안을 그릴 때 필수다.

8 칼과 칼판, 자 ─── 일직선으로 자를 때 가위보다 깔끔하게 잘린다. 촬영한 칼은 칼날 각도가 30°로 뾰족해서 곡선을 자를 때도 부드럽게 잘린다. 눈금 칼판과 메탈 재질 자와 함께 사용하면 작업하기 편하다.

9 송곳 ─── 굵기가 일정한 것은 작은 구멍을 뚫을 때 좋으며, 점점 굵어지는 것은 원하는 굵기로 뚫을 때 제격이다. 펀치를 사용하지 못할 때 유용하다.

10 글루건 ─── 플라스틱, 금속, 원단 등을 부착할 때 쓴다.

TOOL_EXPERT

1 **실리콘 양면테이프** ── 실리콘 소재 양면테이프로 일반 양면테이프와 사용법은 같다. 부착 시 강도가 세고 떼어내도 자국이 남지 않아 많이 쓰인다. 종이 재질은 제외.

2 **폼 양면테이프** ── 장식이나 글자 등을 입체감 있게 만들 때 주로 사용한다. 입체감을 더하고 싶을 때는 두세 겹으로 겹쳐 붙이거나 폼보드를 잘라 붙여 표현한다.

3 **스프레이 접착제** ── 부착 범위가 넓을 때 유용하다. 보통 3M의 77 넘버를 많이 쓰는데, 완전 고정용으로 뿌리는 즉시 단단하게 접착된다.

4 **원형 칼** ── 직물을 자를 때 깨끗하게 잘리는 것이 장점이다.

5 **철사가위** ── 철사를 쉽게 절단할 수 있어 작업을 편하게 해준다.

6 **오링과 오링 반지** ── 액세서리 부자재인 오링(사슬)을 벌리거나 닫을 때 사용하는 반지가 오링 반지. 홈이 파인 곳에 오링을 끼우고 평자 집게로 벌려 사용한다.

7 **평자 집게** ── 평집게로도 불리며, 철사를 구부릴 때나 오링을 벌릴 때 주로 쓴다.

8 **철사** ── 쇠를 줄로 길게 만든 공예용 재료로, 여러 굵기가 있으며 쉽게 구부려진다. 얇은 철사는 오브제를 공중에 고정할 때도 사용한다. 종이로 싸여 아이템을 손상하지 않는 지철사는 꽃을 만들 때나 리본 모양을 잡을 때 유용하다.

9 **고무 스크레이퍼** ── 물전사지 작업에 꼭 필요한 제품으로 전사지 밑면에 고여 있는 기포와 물기를 말끔히 빼준다.

10 **초크 펜** ── 천·펠트·종이 등을 재단할 때 쓰이며, 진한 색 소재에 사용한다. 물티슈로 닦아내면 쉽게 지워진다.

11 **기화성 펜** ── 원단 밑그림 용도로, 일정 시간이 지나면 사라진다. 원단의 소재나 온도, 습도 등에 따라 기화 시간은 1~10일 정도 차이가 있다. 전용 지우개도 있다.

12 **폼보드 절단기** ── 열선을 이용해 절단하는데, 단면을 깨끗하게 작업하려면 폼보드 면에 열선을 수직으로 놓는다.

◆ 기본 도구는 문구점에서, 전문 도구는 파티용품 전문점이나 비즈공예 전문점, 동대문종합상가 등에서 구입 가능. 다양한 칼은 NT커터닷컴 www.ntcutter.com에 많다.

BALLOON

1 **요술 풍선 160s** ──── 길쭉한 모양의 풍선으로 풍선 아트로 다양한 오브제를 만들 때 사용한다. 풍선을 연결할 때 끈 용도로도 많이 쓴다.

2 **링커 벌룬** ──── 주입구와 꼬리가 있어 서로 묶어서 연결하면 갈런드가 된다. '꼬리 풍선'으로도 불린다.

3 **라텍스 풍선** ──── '풍선' 하면 떠오르는 신축성 좋은 풍선으로, 고무나무에서 얻은 천연 고무를 사용해 환경 친화적이다. 토퍼, 구디백, 파티햇은 물론 공간 스타일링에도 요긴하다.

4 **컬링 리본** ──── 풍선, 토퍼 등 파티용품을 장식하는 용도는 물론 포장할 때도 많이 쓰이는 유용한 재료 중 하나.

5 **무게추** ──── 헬륨 풍선이 날아가지 않게 고정해주는 아이템으로, 대부분 플라스틱·철 소재이며 여러 가지 모양이 있다.

6 **호일 풍선** ──── 다양한 캐릭터와 디자인 풍선이 많아 헬륨가스를 넣어 파티에 장식 포인트로 인기다. 나일론 수지에 은박 알루미늄을 입혀 만들어 라텍스 풍선과 달리 신축성이 없고 가격이 비싼 편이다.

7 **오브 풍선** ──── 라텍스 풍선과 비교해 체공 시간이 길고 광택감이 좋아 파티 스타일링에 많이 쓰인다. 옹브레 풍선으로도 불린다.

◆ 풍선용품은 다이소, 파티용품 전문점 등에서 쉽게 구할 수 있다.
새로이벤트 www.saeroevent.co.kr,
조이파티 www.joyparty.co.kr,
와우파티 www.wowpartyshop.co.kr 등이 있다.

8 손 펌프 ─── 풍선이나 튜브에 공기를 주입할 때 필수품이나 다름없다. 풍선 양이 많은 경우 풍선용 전자동 에어 펌프(인플레이터)를 사용하면 편리하다.

9 고리 마운트 ─── 파티 공간 스타일링을 할 때 벌룬 클라우드, 행잉 등을 천장이나 벽에 부착해주는 고리.

10 트와인끈 ─── 두어 가닥의 색실을 꼬아 만든 끈으로 선물 포장이나 북 아트에 주로 쓰이지만, 풍선 끈으로 사용하면 야외에서도 끊어지지 않아 유용하다.

11 깔때기 ─── 풍선 내부에 컨페티나 폼폼 등 작은 아이템을 넣을 때 필요하다. 안쪽에 넣을 아이템에 따라 출구 지름 크기를 체크한다.

12 낚싯줄 ─── 낚싯줄은 투명한 굵은 실 같지만 강도가 높아 풍선, 행잉 등을 천장이나 벽에 고정할 때 요긴하다.

13 벌룬 닷 테이프 ─── 지름 15mm의 두께감 있는 풍선용 양면테이프로, 풍선들을 서로 붙이거나 원하는 위치에 고정할 때 사용한다.

14 풍선 스트랩 ─── '벌룬 테이프' '풍선 장식 밴드'로도 불리는 벌룬 테이프는 요즘 파티 스타일링의 인기 아이템인 벌룬 클라우드의 필수 재료다. 투명 플라스틱 테이프로 구멍이 있어 풍선을 끼워 넣는 방식으로 만든다.

15 헬륨가스 ─── 헬륨가스는 공기보다 가벼워 풍선에 주입하면 공중에 뜨게 해준다. 일회용 제품을 사용하면 가정에서도 충분히 활용 가능하며, 지름 25cm 풍선 기준 30개입과 50개입이 있다. 단, 흡입하지 않도록 주의한다.

2. ITEM

아이템

케이크 위에 초처럼 꽂거나 장식으로 올리는 토퍼가 인기입니다. 특별한 날을 기념하는 아이템으로, 마음을 전하는 메시지로, 순간을 인증하는 사인으로, 그 쓰임도 다양합니다. 이름이나 문구를 넣어서 만드는 커스텀 토퍼부터 입체적인 아트 토퍼까지 직접 만들어보세요.

TOPPER
―
토퍼

1 | 2
3 | 4

HALLOWEEN GHOST TOPPER
핼러윈 고스트 토퍼

천만 뒤집어쓰면 완성되는 유령 분장처럼 간단히 만들 수 있는 토퍼예요.
자유자재로 구부러지는 모루로 글자를 만들어 재미를 더해주세요.

재료
원형 스티로폼 지름 4㎝
나무 꼬치
흰색 천 20×20㎝
모루

도구
글루건
검정 네임펜
철사가위

1. 스티로폼 중앙에 나무 꼬치를 꽂는다. 꼬치에 글루건을 묻혀 꽂으면 스티로폼을 고정할 수 있다.
2. 스티로폼 윗부분에 글루건을 묻히고 흰색 천을 덮어 씌워 붙인다.
3. 네임펜으로 눈동자 등 표정을 그린다.
4. 모루를 구부려 BOO 글자를 만든다. 중간중간 모루를 꼬아 모양을 완성하고 자투리는 철사가위로 정리한다.
5. 글자 모루를 꼬치에 글루건으로 붙인다.

CUTE NUMBER TOPPER

아기자기 숫자 토퍼

요즘은 꾸미기용 부자재라 할 수 있는 커스텀 파츠(custom parts)의 종류가 정말 다양합니다. 놀이용 슬라임이나 네일의 액세서리로 쓰이는 파츠를 활용해 알록달록 아기자기한 숫자 토퍼를 뚝딱 만들어보세요.

재료
판지
원형 고리
미니 태슬
다양한 모양 부자재
나무 꼬치

도구
펜
가위
목공풀
송곳
평자 집게
글루건
핀셋

1 판지 뒷면에 펜으로 숫자를 그린 뒤 가위로 잘라 틀 3개를 만든다. 높이 10~15cm가 적당하다.

2 목공풀로 틀 3개를 붙여 도톰하게 만든다.

3 적당한 곳에 송곳으로 구멍을 뚫고 원형 고리를 끼워 미니 태슬을 단다.

TIP ── 오링(사슬)을 벌리고 오므릴 때 오링반지와 평자 집게를 쓰면 편리하다.

4 ③에 여러 모양의 부자재를 핀셋과 글루건을 이용해 장식한 다음, 뒷면에 꼬치를 글루건으로 붙여 완성한다.

2 | 3 | 4

INITIAL TOPPER
이니셜 토퍼

이름의 영문 이니셜이나 한글 자모음은 그 자체가 멋진 디자인이 됩니다.
특별한 날 이벤트로 'LOVE' 'YES' '바로 너' '보물' 등 간단한 단어나 문구로
마음을 표현하는 것도 멋지겠지요?

재료
종이
공예용 철사
무지개 컬러 미니 폼폼
나무 꼬치

도구
펜
철사가위
평자 집게
글루건

1. 종이에 펜으로 원하는 알파벳을 높이 10cm로 그려 도안을 만든다. 프린터기로 인쇄해도 좋다.
2. 공예용 철사를 전용 가위로 자른 뒤 도안대로 평자 집게로 구부려 알파벳 모양을 만든다.
3. ②의 철사에 미니 폼폼을 글루건으로 붙인다.
4. ③의 뒷면 철사 부분에 꼬치를 글루건으로 부착한다.

2 | 3 | 4

FLOWER GARDEN TOPPER

FLOWER GARDEN TOPPER

플라워 가든 토퍼

색색의 꽃을 조합해 케이크를 화려하게 장식해보세요. 정성이 돋보이는
플라워 토퍼는 화병에 꽂아두거나 선물 포장 포인트로 활용해도 근사합니다.

플라워 가든 도안
P228~229

재료
색지(노랑·초록·핑크·
주황·하늘)
주름지(흰색·노랑·베이지·
연노랑·남색·파랑·핑크·연두)
가는 철사
휴지
나무 꼬치

도구
가위
글루건
연두 마스킹테이프

1 색지에 꽃잎, 새, 잔디, 나뭇잎 등 모양을 그린 후 가위로 오린다.
   도안을 활용하면 간편하다.

2 ①에 꼬치를 글루건으로 붙인 뒤 마스킹테이프로 감아 줄기를 만든다.

3 남색 주름지를 주름 결대로 여러 장 겹친 후 꽃잎 도안 모양대로
   그려 오린다.

4 꽃잎의 뒷면 가운데에 길이 10cm 철사를 글루건으로 붙인다.

5 꽃의 수술은 노랑 주름지를 지름 3cm 원형으로 잘라 가운데에 휴지를
   동그랗게 말아 넣고 감싼 다음, 끝을 철사로 감아 마무리한다.

6 수술의 가장자리 꽃잎은 연노랑 주름지를 꽃잎의 ⅔를 길이만큼(3cm
   정도) 자른다. 반으로 접어 접선 부분에서 2mm 정도 남기고 적당한
   간격으로 잘라 프린지를 만든다.

7 ⑥의 접선 부분에 철사를 글루건으로 부착한 뒤 작은 원을 만들 듯
   동그랗게 만다. 가운데에 ⑤의 수술을 넣고 철사를 꼬아준다.

8 ④의 꽃잎은 ⑦의 수술 가장자리 꽃잎의 뒷부분 원형에 돌아가며 철사를
   꼬아서 모양을 만든다. 글루건으로 꽃잎을 붙여도 된다.

9 ⑧의 꽃잎에 꼬치를 연결한 뒤 마스킹테이프로 감아 줄기를 만든다.

10 이파리를 여러 장 오리고 각각 가운데 부분에 철사를 글루건으로
   부착한다. 여러 이파리를 한데 모아 철사를 꼰 후 마스킹테이프로 돌돌
   만 다음 ⑨의 줄기에 연결해 마스킹테이프로 감는다.
   다른 꽃도 같은 방식으로 완성한다.

1 | 2

3 | 4

5 | 6
7

8
9 | 10

CONICAL SMILE TOPPER
고깔 스마일 토퍼

허니콤볼은 익살스런 표정의 스마일 이미지를 연출하기에 더없이 좋은 재료입니다. 메시지 토퍼까지 더해 케이크를 멋지게 꾸며보세요.

재료
노랑 허니콤볼 5cm
나무 꼬치
색지(초록·분홍·검정)
스트라이프 패턴지
미니 폼폼
폼폼 레이스 끈
얇은 리본

도구
가위
글루건
핀셋

1. 허니콤볼을 펼쳐 글루건으로 붙인다. 꼬치의 뾰족한 부분에 글루건을 묻혀 허니콤볼 가운데에 꽂아 고정한다.
2. 검정 종이를 스마일 표정으로 가위질한 뒤 허니콤볼에 글루건으로 붙인다. 핀셋을 이용하면 손쉽다.
3. 패턴지와 색지로 미니 고깔을 만든다. 종이를 지름 5cm 반원으로 자른 뒤 꼬치를 이용해 말아 준 다음 가장자리를 겹쳐 이음새를 글루건으로 붙인다. 고깔을 미니 폼폼, 폼폼 레이스 끈, 얇은 리본 등으로 장식해 허니콤볼에 글루건으로 붙인다.

TIP ─ 'PARTY!', 무지개 등 원하는 레터링이나 이미지를 두꺼운 종이에 프린트해 꼬치나 종이빨대에 붙인다. 종이빨대 길이를 조절할 때는 칼로 잘라야 모양대로 깔끔하게 잘린다.

1 | 2 | 3

GEMSTONE TOPPER
보석 토퍼

종이는 그 종류와 색이 다양하고 친근한 재료로, 접기만 잘 해도 근사한 토퍼가 완성됩니다. 종이를 원석으로 하는 보석 토퍼를 만들어보세요. 작은 선물을 포장하는 상자로도 활용할 수 있습니다.

| 보석 도안 P231~232 |

재료
머메이드지(파스텔 컬러)

도구
연필
가위
칼
자
양면테이프 또는 글루건

1 도안대로 종이를 재단한다.
2 점선 표시를 따라 자를 대고 칼등으로 자국을 낸다.
3 모양대로 접어 시접을 양면테이프로 붙인다.

1 | 2 | 3

BASIC BALLOON TOPPER
베이직 풍선 토퍼

꿈과 희망을 상징하는 풍선은 토퍼뿐 아니라 활용도 높은 파티용품으로 사랑받습니다. 기본 풍선 토퍼는 그 자체가 더없이 좋은 장식이지요.
알록달록 케이크도 장식하고 아이의 꿈도 응원해주세요.

재료
컬러 라텍스 풍선 5인치
나무 꼬치

도구
손 펌프
가위

1 풍선을 지름 5cm 크기로 분다. 펌프를 풍선 끝까지 넣고 불어야 모양이 동그랗게 된다.

TIP —— 풍선 사이즈를 크게 분 뒤 알맞은 사이즈로 줄이면 간편하다.

2 나무 꼬치의 끝 부분에 풍선 주입구를 끈 삼아 매듭지어 묶는다.

TIP —— 풍선 주입구가 보이지 않게 하려면 엄지손가락과 꼬치를 함께 잡고 풍선 주입구를 끈처럼 감아 준 뒤, 풍선 주입구가 매듭 구멍의 위에서 아래로 내려오게 한 다음 손가락을 빼고 묶는다.

3 풍선 주둥이를 짧게 자른다.

2-1 | 2-2 | 3

BALLOONS BUNCH

TOPPER

BALLOONS BUNCH TOPPER

풍선 다발 토퍼

풍선 다발 토퍼는 마음을 기분 좋게 부풀려주는 선물입니다. 투명 풍선과 컨페티를 활용해 더욱 화려하게 꾸며보세요. 컬링 리본으로 장식하면 그 자체가 작품이 됩니다.

재료
컬러&투명 라텍스 풍선 5인치
컨페티 지름 1cm 이하
나무 꼬치
컬링 리본

도구
손 펌프
깔때기 구멍 1cm

1 투명 풍선 주입구에 깔때기를 끼우고 컨페티를 적당량 넣는다.
TIP — 글루건 심으로 밀어 넣으면 손쉽다.

2 ①의 풍선 포함, 총 6개의 풍선을 지름 5cm 크기로 분다.

3 ②의 풍선을 2개씩 묶는다.

4 ③의 풍선 2세트를 열십자(+) 모양으로 겹쳐 서로 꼬아준다.

5 ④의 풍선 뭉치의 빈 부분에 나머지 1세트의 주입구를 벌려 묶는다.
TIP — 풍선 매듭이 한 곳으로 모이도록 정리한다.

6 다발의 매듭을 꼬치 끝부분으로 올린 다음 풍선 주입구 하나를 끈처럼 묶는다.

7 꼬치에 컬링 리본을 묶어 장식한다.
TIP — 풍선 다발 토퍼와 베이직 풍선 토퍼를 여러 개 만든 후 케이크에 나무 꼬치 길이를 달리해 꽂으면 더욱 멋스럽다.

1 | 2

3 | 4
5

BALLOONS BUNCH TOPPER

6
7

DINOSAUR & SPEECH BALLOON TOPPER
공룡과 말풍선 토퍼

공룡 장난감은 남자아이의 케이크를 장식하는 미니어처로도 인기입니다. 여기에 파티햇과 풍선을 달아 재밌게 연출해보세요. 말풍선까지 더한다면 재치 만점 토퍼로 손색없습니다.

재료
공룡 장난감
흰색 머메이드지
문자 스티커
나무 꼬치
패턴지
미니 폼폼
컬러 라텍스 풍선 5인치
가는 철사

도구
펜
가위
글루건
손 펌프

1 말풍선 모양을 펜으로 그려 문자 스티커를 붙이거나 프린트해서 자른 다음 글루건으로 꼬치에 부착한다.
2 공룡용 작은 파티햇을 만든다. 종이를 지름 4cm 반원으로 자른 뒤 꼬치를 이용해 말아 준 다음 가장자리를 겹쳐 이음새를 글루건으로 붙인다. 꼭대기에 미니 폼폼을 글루건으로 붙인다.
3 공룡에 고깔을 글루건으로 붙여 고정한다.

TIP —— 글루건과 목공풀을 약간 섞어서 붙이면 더욱 단단하게 고정된다.

4 풍선을 적당한 크기로 불어 묶은 뒤 철사를 매듭 부분에 연결하고 주입구를 잘라낸다. 이것을 공룡 팔에 고정한다.

1 | 2
3 | 4

2 | 3
4 | 5

HEART BALLOON TOPPER

하트 풍선 토퍼

풍선 하나로 케이크를 화려하게 연출하고 싶다면 뛰어난 광택으로
눈길을 사로잡는 호일 풍선을 활용해보세요. 토퍼에 종이 태슬을 연결하면
로맨틱한 분위기도 더할 수 있습니다.

재료
하트 호일 풍선 5인치
나무 꼬치
종이 태슬
투명 고무줄
컬링 리본
얇은 리본

도구
손 펌프
마스킹테이프
가위

1 하트 호일 풍선을 손 펌프로 분다.
2 ①의 풍선에 꼬치의 손잡이 부분을 마스킹테이프로 말아 고정한다.
3 종이 태슬을 10cm 길이로 자른다. 접음선을 펼쳐 긴 쪽을 가로로 넣고 태슬 간격으로 접은 다음, 가운데 부분을 태슬 절취선까지 꼬아준다.
4 ③을 반으로 접어 태슬 시작점을 투명 고무줄로 묶어 고리를 만든다.
5 ④의 고리에 컬링 리본을 넣어 묶는다. 케이크 사이즈에 따라 태슬을 다양한 컬러로 여러 개 만들어 적당한 간격에 같은 방식으로 묶는다.
6 ⑤의 컬링 리본을 ②의 풍선에 연결한 뒤 얇은 리본을 묶어 완성한다.

1 | 2
3 | 4

RAINBOW BUNTING TOPPER
무지개 번팅 토퍼

영어로 번팅은 깃발을 뜻하지만, 케이크 번팅은 끈에 글씨를 달거나 깃발 형태로 달아서 장식하는 걸 일컬어요. 만들기가 쉬운 반면 최대 효과를 볼 수 있는 무지개 번팅 토퍼로 특별한 순간을 빛나게 꾸며보세요.

재료
머메이드지(흰색·무지개 컬러)
트와인끈
종이빨대
컬링 리본

도구
가위
칼판
마스킹테이프
목공풀
글루건

1 무지개 컬러 종이는 가로 2.5cm, 세로 3.5cm 삼각형 깃발 모양으로 여러 장 오린다. 흰색 종이는 구름을 그려서 오린다.

2 트와인끈은 칼판 선에 맞춰서 마스킹테이프로 고정한다.
①의 삼각 깃발 밑변에 목공풀을 약간씩 묻혀서 끈에 이어 붙인다.
이때 깃발이 달린 줄의 길이는 20~25cm 정도가 적당하며, 끈의 양 끝은 10cm 정도 여유를 두고 붙인다. 2줄을 만든다.

3 종이빨대 2개에 ②의 깃발을 연결하듯이 묶는다.

TIP —— 트와인끈과 종이 깃발을 빨대 앞 면에 두고 2번 묶어야 모양이 예쁘다.

4 ①의 흰 구름을 ③의 빨대 위쪽에 글루건으로 붙이고, 컬링 리본으로 묶어서 장식한다.

TIP —— 케이크가 단단한 경우, 나무 꼬치를 먼저 꽂고 종이빨대를 꽂으면 안정적이니 참고한다.

COLOR TASSEL BUNTING TOPPER

COLOR TASSEL
BUNTING TOPPER

컬러 태슬 번팅 토퍼

태슬은 장식 효과가 뛰어나 파티용품으로 각광받는 단골 오브제입니다. 자수실 묶음을 활용해 원하는 컬러와 길이의 태슬을 직접 만들어보세요. 번팅 토퍼로 만들면 유니크한 작품이 됩니다.

재료
무지개 색조 자수실 8개
트와인끈
나무 꼬치
오브제(스마일·꽃)

도구
가위
글루건

1 자수실 끝을 10cm 길이로 4줄 잘라낸다. 잘라낸 자수실 2줄로 타래 양끝을 한데 모아 각각 묶는다.(고리 용도)

TIP —— 포장띠를 풀지 않아야 만들기가 편하다.

2 ①의 양끝 매듭 1cm 아래에 나머지 10cm 자수실을 돌돌 감아 단단히 묶은 후 여분의 실은 잘라낸다.

3 포장띠를 풀고 실을 잘 편 뒤 ②의 매듭에서 5cm 길이로 잘라 태슬을 만든다. 같은 방법으로 태슬 16개를 만든다.

4 꼬치 2개에 트와인끈을 20~25cm 길이로 묶어 연결한 뒤 여분의 끈을 잘라낸다.

5 ④의 번팅 줄에 ③의 태슬 고리 부분 실(1번 과정 실)을 무지개 컬러 순으로 묶고 여분의 실을 잘라낸다. 꼬치 끝에 오브제를 글루건으로 붙여 장식한다.

1
2 | 3
4 | 5

TASSEL GARLAND TOPPER & FACE TOPPER
태슬 갈런드 토퍼와 아이 얼굴 토퍼

얼굴 토퍼는 케이크 주인공을 무대 위 주인공으로 만들어줍니다.
커튼 역할을 하는 태슬 갈런드 토퍼까지 더하면 우리 아이만을 위한 아주
특별한 케이크가 됩니다.

재료
디자이너스지(연핑크·
형광 핑크·형광 주황)
문자 스티커
은박 태슬
아이 얼굴 사진
미니 폼폼
얇은 리본
나무 꼬치

도구
펜
가위
핀셋
글루건
양면테이프
풀

1 종이에 리본 플래그 모양을 그려 가위로 오린다.
   문구대로 문자 스티커를 핀셋으로 붙인 뒤 꼬치 2개를 양 끝에
   글루건으로 붙인다.
2 ①의 토퍼 뒷면에 은박 태슬을 양면테이프로 붙인 뒤
   적당한 길이로 자른다.
3 아이 얼굴 사진과 삼각형·얇은 스트라이프 등 고깔 꾸밀 종이를 잘라
   각각 풀로 붙인다. 폼폼과 리본을 글루건으로 붙이고, 뒷면에 꼬치도
   부착해 얼굴 토퍼를 완성한다.

1 | 2 | 3

2 | 3
4 | 6

PRINCESS DRESS TOPPER
공주 드레스 토퍼

공주 캐릭터 없이 여성미 물씬한 케이크로 꾸미고 싶을 땐 드레스 토퍼가 제격입니다. 리본, 비즈 등을 액세서리 삼아 아이와 함께 장식하세요.

공주 드레스 도안 P229

재료
연핑크 디자이너스지
폭 10cm 레이스 리본
리본 폭 1cm
부자재(작은 비즈·보석·
스팽글 폼폼·털실 폼폼)
나무 꼬치

도구
가위
칼
칼판
글루건

1 도안대로 종이를 재단한다. 원하는 디자인이 있다면 드레스 총장을 10cm 정도로 그려 모양대로 자른다.
2 허리 부분을 타원 모양으로 그려 칼로 도려낸다.
3 ②의 구멍에 레이스 리본을 아랫면에서 윗면으로 넣고, 허리선을 기준으로 같은 길이가 되도록 잘 펴준다.
4 리본을 허리띠처럼 감아 글루건으로 고정한다.
5 드레스 네크라인은 작은 비즈를 글루건으로 붙여 장식한다.
6 ⑤의 공주 드레스 토퍼와 보석, 폼폼 등을 꼬치에 글루건으로 붙인다.

SNOWBALL SHAKER TOPPER

스노볼 셰이커 토퍼

스노볼 안에 비즈와 스팽글을 넣으면 요즘 인기인 셰이커 토퍼가 됩니다. 챠르륵 소리가 나서 아이들이 무척 좋아해요.

재료
머메이드지(흰색·하늘색·빨간색)
PVC 반구 지름 9cm
다양한 부자재(말풍선·비즈·스팽글·컨페티)
아이 사진(총장 7cm 이하)
종이빨대
얇은 마스킹테이프
금박 태슬
나무 꼬치

도구
연필
가위
풀
글루건
양면테이프

1 하늘색 종이에 PVC 반구를 대고 연필로 원을 그려 모양대로 자른다.
   흰색 종이도 같은 방법으로 원을 잘라 눈 쌓인 모양으로 자른다.
   빨간색 종이로 자른 볼받침과 아이 사진도 준비한다.

2 하늘색 종이 위에 흰색 종이, 아이 사진을 순서대로 붙인 뒤
   'hello' 말풍선 등 부자재를 글루건으로 붙여 꾸민다.

3 PVC 반구에 다양한 비즈와 컨페티를 넣고 ②의 종이 꾸밈 면을 안으로
   해 양면테이프로 붙인다.

4 ③의 뒷면에 빨강 볼받침과 종이빨대를 글루건으로 붙인다.
   빨간색 볼받침은 얇은 마스킹테이프를 붙여 스트라이프로 꾸며도 좋다.

5 폭죽 토퍼는 금박 태슬에 양면테이프를 붙인 뒤 꼬치 끝부분을 돌돌
   말 듯이 돌려 만든다. 여기에 별 토퍼, 미니 파티햇을 더해 꾸민다.

1 | 3
4 | 5

CHRISTMAS TREE

TOPPER

CHRISTMAS TREE TOPPER

크리스마스 트리 토퍼

새하얀 케이크 위의 초록 트리는 눈 내린 숲속을 연상시키는 것과 동시에 크리스마스를 떠올리게 합니다. 주름지로 트리를 풍성하게 만들어보세요. 별을 단 트리가 케이크를 더욱 환하게 해줄 거예요.

재료
주름지(초록·연두)
종이빨대
글리터지
금박 태슬
금박 종이
색지
나무 꼬치

도구
가위
양면테이프
글루건

---

1 주름지를 폭 10cm, 길이 20cm로 잘라 반 접은 다음 술 모양으로 잘게 가위질한다.(트리 1개 기준)

2 윗부분에 양면테이프를 붙인다.

3 종이빨대의 3분의 2 정도에서 ②의 주름지의 양면테이프를 떼어내면서 위로 돌돌 말아 붙인 뒤 주름지를 부풀려 트리 모양을 만든다.

4 글리터지로 별 모양을 오려 ③의 트리 꼭대기에 글루건으로 붙인다. 같은 방법으로 트리를 여러 개 만든다.

5 금박 태슬은 윗부분을 0.5cm 높이로 자르고, 술 부분은 1cm 길이로 자른다.

6 금박 종이를 12cm 크기의 별 모양으로 오려 2cm 간격으로 양면테이프를 붙인다. ⑤의 술을 적당한 길이로 잘라 아랫부분부터 붙인 후 꼬치를 글루건으로 고정한다.

7 색지에 문구를 프린트해 리본 플래그 모양으로 잘라 꼬치를 붙여 만든 메시지 토퍼를 더한다.

1 | 2
3 | 4

5 | 6

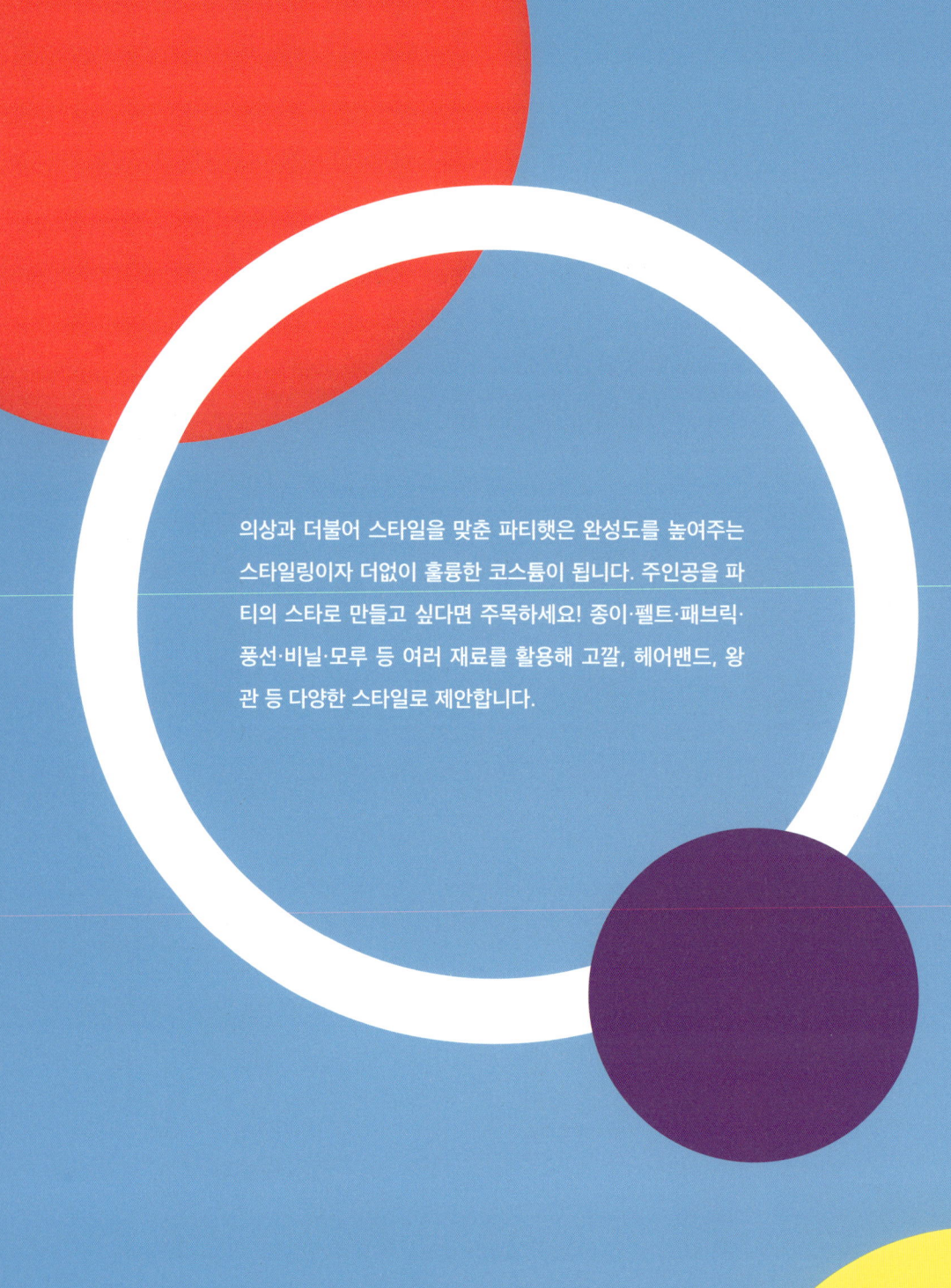

의상과 더불어 스타일을 맞춘 파티햇은 완성도를 높여주는 스타일링이자 더없이 훌륭한 코스튬이 됩니다. 주인공을 파티의 스타로 만들고 싶다면 주목하세요! 종이·펠트·패브릭·풍선·비닐·모루 등 여러 재료를 활용해 고깔, 헤어밴드, 왕관 등 다양한 스타일로 제안합니다.

PARTY HAT

파티햇

BASIC
PARTY HAT
기본 파티햇

결과물이 훌륭하려면 기본기가 탄탄해야겠지요? 바탕이 되는
기본 파티햇 만드는 법을 세세하게 알려드립니다.
패턴지와 폼폼을 활용해 예쁜 파티햇을 간단하게 만들어보세요.

| 파티햇 도안 P233 |

재료
패턴지
리본 폭 1cm
폼폼

도구
연필
가위
양면테이프
글루건

1　패턴지 프린트 면에 도안을 올리고 모양대로 재단한다.
2　①의 패턴지에 점선 시작점(고깔 꼭지점)을 표시한다.
3　무지 면(파티햇 안쪽 면) 꼭지점에서 끝까지 양면테이프를 붙인다.
4　점선에 맞추어 ③의 양면테이프를 붙여 고깔 모양을 만든다.
　　이때 패턴지의 직각(⌐) 부분이 안쪽 면에 위치하면 맞다.
5　패턴지를 가로세로 2cm의 정사각형으로 오린다.
6　④의 고깔 안에 리본 2줄을 양쪽에 글루건으로 붙인다.
　　그 위에 ⑤의 패턴지를 글루건으로 붙여 깔끔하게 마무리한다.
7　꼭지에 폼폼을 글루건으로 부착한다.

1 | 2
3 | 4
6 | 7

SIMPLE
BAND PARTY HAT

심플 스타일링 밴드 파티햇

마스킹테이프, 모양 스티커 등 문구점에서 쉽게 구할 수 있는 재료로 만든 밴드 파티햇을 소개합니다. 여러 개 만들어 각자 맘에 드는 고깔을 직접 고르는 이벤트도 즐겨보세요.

파티햇 도안 P233

재료
색지(초록·검정)
흰색 종이
노랑 마스킹테이프
모양 스티커(문자·별·스마일)
폼폼
글리터지
고무줄

도구
연필
가위
양면테이프
글루건

1. 고깔을 만든다. 방법은 '기본 파티햇' 만드는 과정(P76) ①~④번과 같다.
2. 스트라이프 고깔은 색지를 도안 모양으로 재단한 후, 점선부터 곡선 테두리까지 마스킹테이프를 적당한 간격으로 붙여 패턴을 만든다.
3. 색지 고깔에 모양 스티커를 붙여 장식을 한다. 꼭지에는 폼폼이나 글리터지를 오려 만든 별 등을 글루건으로 붙인다.
4. 고깔 안에 고무줄 2줄을 양쪽에 글루건으로 붙인다. 같은 컬러 색지를 가로세로 2cm의 정사각형으로 오려 그 위에 각각 붙여 마무리한다.
5. ④의 고무줄을 한데 모아 묶어서 길이를 조절한다.

2 | 3
4 | 5

GLOSSY CONFETTI PARTY HAT

글로시 컨페티 파티햇

투명한 필름지로 만든 유니크한 파티햇으로, 겹겹이 자리한 컨페티가 앙증맞습니다. 습자지를 잘라 손수 만든 컨페티를 활용해도 좋겠죠?

파티햇 도안 P233

재료
OHP 필름 A3사이즈
컨페티
고무줄

도구
가위
마스킹테이프
양면테이프
글루건

1   OHP 필름에 도안을 올리고 마스킹테이프로 고정한 다음 뒤집는다. 필름에 도안의 테두리와 점선을 따라 양면테이프를 붙인다. 직각(⌐) 부분은 제외.
2   양면테이프의 종이를 떼고 그 안에 컨페티를 배치한다.
3   ②의 위에 OHP 필름 1장을 겹쳐 붙이고 모양대로 자른 후 도안을 떼어낸다.
4   꼭지점을 중심으로 고깔을 만든 뒤 글루건이나 양면테이프로 붙인다.
5   고깔 안에 고무줄 2줄을 양쪽에 글루건으로 붙인다.

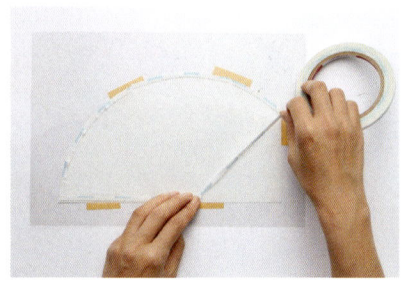

1 | 2
3 | 4

SMILE FABRIC PARTY HAT

스마일 패브릭 파티햇

풀을 먹인 듯 빳빳한 패브릭 파티햇의 비결은 종이와 강력한 스프레이 접착제에 있습니다. 여기에 원하는 디자인의 패치를 붙이면 최소한의 장식으로 최대 효과를 낼 수 있어요.

파티햇 도안 P233

재료
두꺼운 종이
면 패브릭
스마일 패치
폼폼
리본 폭 2.5cm

도구
기화성 펜
가위
스프레이 접착제
글루건
다리미

1. 도안을 올리고 모양대로 재단한다. 점선 시작점(고깔 꼭지점)도 표시한다.
2. 패브릭에 도안을 올리고 전체 테두리에 1cm 정도 시접을 두고 여유 있게 재단한다.
3. ①의 종이에 스프레이 접착제를 고루 분사한 후 ②의 패브릭을 붙인다.
4. 시접 중간중간 칼집을 넣고 모양대로 접어 글루건으로 붙인다.
5. 패치를 패브릭에 올리고 다림질하여 부착한다.
6. 꼭지점을 중심으로 고깔을 만든 뒤 글루건으로 붙인다. 폼폼도 붙여 장식한다.
7. 고깔 안에 리본 2줄을 양쪽에 글루건으로 붙이고, 그 위에 사각으로 자른 종이를 붙여 마무리한다.

3 | 4 | 5

CHRISTMAS TREE PARTY HAT

크리스마스 트리 파티햇

트리를 고스란히 본뜬 고깔로 한눈에 시선을 사로잡기에 충분합니다. 크리스마스 오브제로도 더할 나위 없지요. 천장에 달거나 선반 위에 올려 장식품으로도 활용해보세요.

파티햇 도안 P233

재료
초록 색지
초록 주름지
여러 가지 오브제
리본 폭 1cm

도구
연필
가위
양면테이프
글루건

1 고깔을 만든다. 방법은 '기본 파티햇' 만드는 과정(P76) ①~④번과 같다.
2 주름지를 폭 5cm로 길게 잘라 윗부분에 1cm 공간을 남기고 술 모양으로 잘게 가위질한다.
3 ②의 윗부분에 양면테이프를 붙인다.
4 술을 고깔의 아래부터 층층이 붙인다.
5 적당한 위치에 오브제를 글루건으로 붙여 장식한다.
6 초록 색지를 가로세로 2cm의 정사각형으로 자른다.
7 고깔 안에 리본 2줄을 양쪽에 글루건으로 붙이고, 그 위에 사각으로 자른 색지를 붙여 마무리한다.

| 1 | 2 |
| 4 | 5 |

TASSEL FELT

PARTY HAT

TASSEL FELT
PARTY HAT

태슬 펠트 파티햇

컬러와 텍스처 종류가 다양한 펠트는 고깔을 만들 때 종이 못지않게 많이 쓰이는 재료입니다. 만드는 방법도 기본 파티햇과 크게 다르지 않지요. 다만 도구에 차이가 있으니 꼭 체크하세요!

파티햇 도안 P233

재료
펠트(보색 대비 컬러)
털실
리본 폭 2.5cm
지철사

도구
기화성 펜 또는 초크 펜
가위
글루건

1 미니 태슬을 만든다.
   엄지를 제외한 손가락 4개에 털실을 20회 정도 돌돌 감아 시작점에서 절단한다. ∩ 부분을 지철사로 묶어 고정하고 반대편 끝을 잘라 술을 만든 후 같은 실로 위를 두어 번 묶는다.

2 고깔용 펠트에 도안을 올리고 모양대로 재단하고 점선 부분도 그린다.

TIP —— 펠트나 패브릭을 재단할 때는 쉽게 지워지는 기화성 펜이나 초크 펜을 사용한다. 밝은 색감에는 기화성 펜, 어두운 색감에는 초크 펜이 알맞다.

3 보색 펠트를 2cm 폭으로 길게 여러 개 자른다. ②의 점선에 맞춰 글루건을 이용해 적당한 간격으로 붙인 후 여분은 잘라낸다. 점선까지 글루건으로 붙여 고깔을 만든다.

4 ②와 같은 펠트를 가로 3cm, 세로 1cm 사각형으로 1개 자른다.

5 ②와 같은 펠트를 가로 3cm, 세로 2cm 사각형으로 2개 자른다.

6 ③의 고깔 꼭지에 미니 태슬의 지철사를 안쪽으로 넣고, 그 위에 ④의 사각형을 글루건으로 붙인다.

TIP —— 꼭지에 공간이 없으면 가위로 끝을 살짝 잘라 구멍을 만든다.

7 고깔 안에 리본 2줄을 양쪽에 글루건으로 붙이고, 그 위에 ⑤의 사각형을 붙인다.

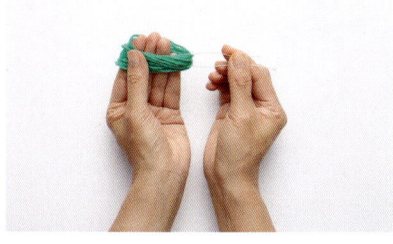

**TASSEL FELT
PARTY HAT**

1 미니 태슬 만들기

2
3 | 6

HALLOWEEN EYES PARTY HAT

핼러윈 눈알 파티햇

흔들흔들 눈동자가 움직이는 눈알 스티커는 핼러윈 이벤트에 잘 어울리는 아이템입니다. 종이나 펠트 고깔에 다양한 사이즈의 눈알을 붙여 재미있게 장식해보세요. 센스가 돋보이는 파티햇이 시선을 사로잡을 거예요.

파티햇 도안 P233

재료
검정 펠트
태슬 리본
지철사
리본 폭 2.5cm
다양한 사이즈 눈알 스티커

도구
초크 펜
가위
글루건

1. 고깔을 만든다. 방법은 '기본 파티햇' 만드는 과정(P76) ①~④번과 같다. 단, 연필 대신 초크 펜을, 양면테이프 대신 글루건을 사용한다.
2. 태슬 리본 가운데를 지철사로 꼬아 묶은 뒤, 끝은 3cm 길이로 자른다.
3. ①과 같은 펠트를 가로 3cm, 세로 1cm 사각형으로 1개 자른다.
4. ①과 같은 펠트를 가로 3cm, 세로 2cm 사각형으로 2개 자른다.
5. 고깔 꼭지에 ②의 지철사를 안쪽으로 넣고, 그 위에 ③의 사각형을 글루건으로 붙인다.
6. 다양한 사이즈의 눈알을 여러 개 글루건으로 붙여 장식한다.
7. 고깔 안에 리본 2줄을 양쪽에 글루건으로 붙이고, 그 위에 ④의 사각형을 붙인다.

1 | 2 | 6

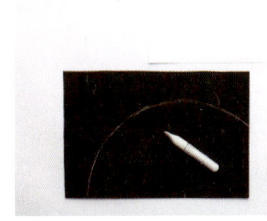

2 | 3
4 | 5

DAISY
PARTY HAT

데이지 꽃 파티햇

봄에 피는 데이지는 꽃말이 희망과 사랑스러움으로 그야말로 어여쁩니다.
그 중에서도 흰색은 천진난만함을 상징하지요.
아이 파티햇을 위한 장식으로 이보다 더 어울리는 꽃이 있을까요?

파티햇 도안 P233

재료
하늘색 펠트
흰색 주름지
이쑤시개
폼폼
리본 폭 2.5cm

도구
기화성 펜
가위
글루건

1. 고깔을 만든다. 방법은 '기본 파티햇' 만드는 과정(P76) 1~4번과 같다. 단, 연필대신 기화성 펜을, 양면테이프 대신 글루건을 사용한다.
2. 흰색 주름지를 주름 결대로 여러 장 겹친 후 꽃잎 모양을 그려 오린다. 4~6cm 길이면 적당하다.
3. 이쑤시개를 잘라 ②의 꽃잎 뒷면에 글루건으로 붙인다. 이때 뾰족한 부분을 1cm 정도 남긴다.
4. ③의 이쑤시개 끝에 글루건을 묻혀 폼폼에 꽂는다.
5. ④의 데이지 꽃을 고깔에 글루건으로 붙여 장식한다.
6. 고깔 안에 리본 2줄을 양쪽에 글루건으로 붙이고, 그 위에 사각으로 오린 종이를 붙여 마무리한다.

PRINCESS PARTY HAT

PRINCESS PARTY HAT
공주님 파티햇

딸아이의 가슴을 설레게 할 만큼 사랑스러운 파티햇이에요.
보기에만 예쁜 것이 아니라 포토제닉 하기도 하지요. 엄마가 직접 만들어
아이에게 '인생 사진'까지 남겨주세요.

파티햇 도안 P233

재료
글리터 펠트
망사 리본
지철사
보석 오브제

도구
기화성 펜
가위
글루건

1. 고깔을 만든다. 방법은 '기본 파티햇' 만드는 과정(P76) ①~④번과 같다. 단, 연필대신 기화성 펜을, 양면테이프 대신 글루건을 사용한다.
2. 지철사를 반으로 접는다. 사이에 망사 리본을 넣고 자연스럽게 주름을 만들어 지철사를 꼬아 묶은 뒤, 끝을 3cm 길이로 자른다.
3. ①과 같은 펠트를 가로 3cm, 세로 1cm 사각형으로 1개 자른다.
4. ①과 같은 펠트를 가로 3cm, 세로 2cm 사각형으로 2개 자른다.
5. 고깔 꼭지에 ②의 지철사를 안쪽으로 넣고, 그 위에 ③의 사각형을 글루건으로 붙인다.
6. 고깔 안에 망사 리본 2줄을 양쪽에 글루건으로 붙이고, 그 위에 ④의 사각형을 붙인다.
7. 다양한 보석 오브제를 글루건으로 붙여 장식한다.

1 | 2
5 | 7

망사 리본으로 포인트 주기

별다른 장식 없이 고깔 꼭지의 망사 리본으로 리본 모양을 묶어주기만 해도 예쁜 파티햇이 완성된다. 먼저 왼쪽 리본을 당겨 오른쪽 위에서 고리를 만든다. 오른쪽 망사 리본을 앞에서 뒤로 둘러 고리를 만든 후 사이에 잡은 망사 리본을 넣어 묶는다. 엄지를 양쪽 고리에 넣어 모양을 정리한다.

CONFETTI
MINI CROWN

컨페티 미니 왕관

앙증맞은 미니 왕관은 돌잔치부터 생일 파티에 이르기까지 두루두루 인기 있는 아이템입니다. 텍스처가 있는 색지나 펠트, 필름지로 다양하게 시도해보세요. 컨페티를 활용하면 더욱 화려하게 연출할 수 있습니다.

미니 왕관 도안 P234

재료
베이지 머메이드지
OHP 필름 A4사이즈
컨페티
리본 폭 1㎝

도구
연필
가위
양면테이프

1 색지에 도안을 올리고 모양대로 재단한다.
2 ①에서 시접을 제외한 테두리에 양면테이프를 붙인다.
3 양면테이프의 종이를 떼고 그 안에 컨페티를 배치한다.
4 ③의 위에 OHP 필름을 겹쳐 붙이고 모양대로 자른다.
5 시접을 양면테이프나 글루건으로 연결해 왕관 모양을 완성한다. 여기에 리본을 양쪽으로 붙여 마무리한다.

2 | 4 | 5

SKULL
HAIR BAND

오싹오싹 해골 머리띠

해골 장식 망사 머리띠는 앤티크하면서도 로맨틱한 분위기를 자아냅니다. 핼러윈 코스튬으로 마녀 의상을 준비했다면 안성맞춤이겠죠?

재료
- 검정 망사 천
- 검정 모루
- 검정 펠트
- 지철사
- 검정 망사 리본
- 해골 오브제
- 깃털
- 머리띠 두께 1cm

도구
- 가위
- 철사가위
- 글루건

1. 망사천을 적당한 크기로 잘라 짧게 자른 모루를 꼬아서 장식한다.
2. 펠트를 지름 4cm 원형으로 2장 오린다. 머리띠를 가운데 놓고 펠트를 맞대어 글루건으로 붙인다.
3. ①의 망사천을 한데 오므려 지철사로 고정한다.
4. ③의 망사천을 ②의 원형 펠트에 글루건으로 붙인다. 검정 망사 리본도 고리 모양과 나뭇잎 모양 등으로 만들어 붙인다.
5. 해골을 글루건으로 붙여 ④의 부착면을 가리고, 마지막으로 깃털을 붙여 장식한다.

1 | 2
3 | 4 | 5

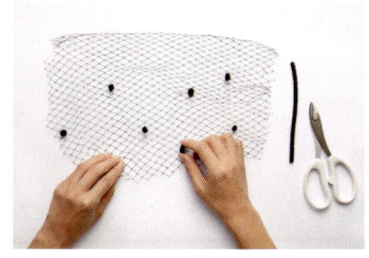

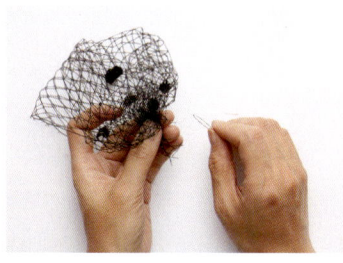

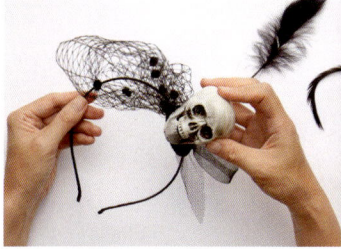

FROZEN CROWN HAIR BAND
겨울왕국 왕관 머리띠

공주 스타일링에서 빼놓을 수 없는 왕관 머리띠입니다. 디즈니 애니메이션 '겨울왕국'의 엘사 여왕을 떠올리게 하는 왕관 머리띠는 만들기도 간단하고, 실제 착용하면 더 근사하답니다.

[겨울왕국 왕관 도안 P235]

재료
글리터 펠트
머리띠 두께 1cm
보석 오브제

도구
기화성 펜
가위
글루건

1. 펠트에 도안을 올리고 기화성 펜으로 모양을 그려 재단한다.
2. 머리띠에 ①의 왕관 아랫부분을 글루건으로 붙인다. 중간부터 시작해 양끝 방향으로 붙여야 만들기가 용이하다.

TIP —— 글루건의 온기가 사라질 때까지 손으로 꼭 눌러주면 접착력이 좋아진다.

3. 보석 오브제를 글루건으로 붙여 장식한다.

2 | 3

GLITTER PIPE CLEANER CROWN

반짝이 모루 왕관

모루 왕관은 만들기가 쉬운 반면 흔치 않아 눈길을 사로잡습니다. 뿔 모양과 곡선 모양을 쭉 이으면 머리에 꼭 맞는 크라운도 만들 수 있어요.

재료
글리터 모루
리본 폭 1cm
보석 오브제

도구
철사가위
글루건

1. 모루를 40cm 길이로 잘라 기본 뼈대를 만든다.
2. 모루를 15cm 높이의 뿔(∧) 모양으로 만들어 ①의 가운데에 꼬아준다.
3. ②의 양옆에 모루를 13cm 높이의 뿔 모양으로 꼬아준다. 여분은 철사가위로 잘라낸다.
4. ②의 정중앙에 모루를 감고 양옆으로 매듭 지점까지 곡선을 만들어 꼬아준다. 여분의 철사는 잘라낸다.
5. 세 군데 꼭지점을 꼬아 작은 구멍을 만든다. 양 끝에도 고리 역할을 할 작은 구멍을 만든다.
6. ④의 구멍과 매듭 지점에 보석을 글루건으로 붙인다. 양끝에는 리본을 20cm 길이로 잘라 묶는다.

2 | 3
4 | 5 | 6

BALLOON MONSTER
PARTY HAT

BALLOON MONSTER PARTY HAT

풍선 괴물 파티햇

핼러윈 파티를 위한 '비장의 무기'를 찾고 있다면 주목하세요! 톡톡 튀는 네온 컬러 풍선으로 만든 파티햇이 아이를 베스트 드레서로 꾸며줄 거예요. 눈알 장식도 포인트로 정말 귀엽지요?

재료

검정 머메이드지 A4 사이즈
라텍스 풍선 5인치(흰색·네온 오렌지·네온 그린)
요술 풍선 160s
검정 시트지
검정 리본 폭 2.5cm

도구

가위
양면테이프
손 펌프
풍선용 양면테이프
(벌룬 닷 테이프)
글루건

1. A4 사이즈 종이를 길게 반으로 잘라 한 쪽 끝에만 양면테이프를 붙인다.
2. 양끝을 붙여 원기둥 모양을 만든다.
3. 색지를 2cm 폭으로 길게 잘라 ②의 기둥 안쪽에 양면테이프로 붙인다.
4. 네온 컬러 풍선 4개를 사이즈가 다르게 펌프로 분다. 2개씩 묶어서 고정해준다.
5. 풍선을 2개씩 묶은 후, 2세트를 서로 꼬아준다.
6. 요술 풍선을 끈으로 삼아 ⑤의 풍선덩어리 중간에 넣어 묶은 후 ③의 띠에 묶어 고정한다.
7. 네온 컬러 풍선과 흰색 풍선을 다양한 사이즈로 분 다음, 풍선용 양면테이프로 ⑥의 빈 곳을 채워 모양을 만든다.
8. 검정 시트지를 동그랗게 잘라 흰색 풍선에 붙여 눈동자를 완성한다.
9. 고깔 안에 리본 2줄을 양쪽에 글루건으로 붙이고, 그 위에 사각으로 오린 종이를 붙여 마무리한다.

1 | 3

5
6-1 | 6-2
7 | 8

생일 등 이벤트가 있는 날 한 번쯤 어김없이 검색해봤을 키워드가 바로 구디백입니다. 사탕, 초콜릿, 젤리 등 간단한 간식거리를 담은 꾸러미를 뜻하는 구디백을 돋보이게 하는 개성 만점 포장법을 담았습니다. 만들기가 서툰 초보자를 위한 초간단 포장법부터 그 자체가 선물이 되는 구디백까지 다채롭게 소개합니다.

SMILE CANDY
MINI BOUQUET

스마일 캔디 미니 부케

막대사탕이나 초콜릿 한 개를 폼 나게 포장할 때 활용하기 좋은 방법이에요. 가성비 만점의 포장법인 만큼 명실상부한 쥬마뻴 구디백 클래스의 인기 아이템이기도 합니다.

재료
막대사탕
포장지
리본

도구
가위
마스킹테이프

1 포장지를 가로 15㎝, 세로 25㎝로 재단한다. 사탕 사이즈에 따라 포장지 크기는 조절한다.
2 ①의 포장지 가운데에 사탕을 올리고 손잡이 시작 부분에 마스킹테이프를 붙여 고정한다.
3 포장지는 마스킹테이프 붙인 부분을 향해 안으로 접는다는 느낌으로 양쪽을 오므린다.
4 리본을 묶어 완성한다.

2 | 3 | 4

LOLLIPOP FLOWER PACKAGE
롤리팝 플라워 패키지

구디백 간식의 단골 아이템인 작은 막대사탕으로 만든 꽃은 만들기도 쉽고 한데 모으면 꽃다발로도 연출할 수 있어요. 아이 친구가 놀러온 날, 손에 한 송이씩 쥐어주세요. 내 아이 기분도 덩달아 으쓱해질 거예요.

재료
막대사탕
흰색 디자이너스지
금박 패브릭
투명 고무줄
금박 마스킹테이프

도구
가위
칼

1   종이에 꽃 모양을 그려 오린다. 꽃송이 폭은 12cm 정도가 적당하다.
2   ①의 꽃 중심에 열십자(+) 모양으로 칼집을 낸다.
3   패브릭을 가로세로 10cm로 잘라 사탕을 감싼 뒤 고무줄로 묶는다.
4   ③에서 여분의 패브릭을 가위로 잘라낸 뒤 손잡이를 마스킹테이프로 감아 정리한다.
5   ②의 칼집에 사탕 손잡이를 끼운다.

2 | 3 | 4

FUN FACE
CANDY PACKAGE
재밌는 표정 캔디 패키지

대왕 사탕을 이용해 재밌는 표정을 연출한 스타일리시한 포장법입니다. 종이를 오려 만든 리본 태그에 메시지를 쓰는 센스도 잊지 마세요! 아이가 직접 쓴다면 더욱 의미 있는 선물이 되겠지요?

재료
대왕 사탕
비닐 포장지
공단 리본
종이
망사 천
컬링 리본

도구
가위
펀치
펜
글루건

1. 포장지를 가로세로 30cm로 자른다. 가운데에 손잡이가 위를 향하도록 사탕을 올린 후 포장지로 감싸듯이 한데 모아 리본으로 묶는다.
2. 종이에 15cm 길이 태그를 그려 오린 뒤 펀치로 구멍을 뚫고 메시지를 쓴다.
3. ②의 태그 구멍에 ①의 리본 줄을 끼운다. 그 위에 망사천과 컬링 리본을 올리고 나머지 리본 줄을 둘러 매듭을 짓는다.
4. 종이를 원하는 표정 모양으로 오려 글루건으로 ③에 붙인다.

1-1 | 1-2
3 | 4

VARIETY
JELLY SKEWER

각양각색 젤리 꼬치

다양한 내용물을 함께 포장하고 싶다면 투명한 비닐을 이용하세요. 젤리 꼬치는 하나씩 쏘옥 빼먹는 재미까지 즐길 수 있어 누구나 좋아하는 인기 만점 구디백입니다.

재료
다양한 젤리
나무 꼬치
OPP 봉투 10×30cm
패턴지

도구
가위
양면테이프

1 손잡이 부분을 5cm쯤 남기고 꼬치에 젤리를 꽂는다.

TIP —— 젤리를 꽂을 때 면적이 넓은 쪽이 앞으로 오게 하면 입체감과 부피감을 살릴 수 있다.

2 ①의 젤리 꼬치를 OPP 봉투에 넣고 봉인한다.

3 봉투 사이즈에 맞추어 패턴지를 자른 뒤 반으로 접는다. 직접 패턴지를 디자인해 프린트해서 사용해도 좋다.

4 ②의 봉투 앞뒤에 ③의 패턴지를 양면테이프로 붙인다.

1 | 2 | 4

COLORFUL POM POM PACKAGE

COLORFUL POM POM PACKAGE

컬러풀 폼폼 패키지

상자에 포장지를 감싸는 것은 포장의 가장 기본 단계입니다. 특별한 장식을 더하고 싶다면 형형색색의 털실로 폼폼을 만들어보세요. 털모자의 포인트 장식으로 많이 쓰이는 폼폼은 트리 장식으로도 좋습니다.

재료
상자
포장지
털실

도구
가위
양면테이프

1 포장지를 적당한 사이즈로 잘라 상자를 포장한다. 이때 양면테이프를 이용하면 깔끔하게 쌀 수 있다.

2 엄지를 제외한 손가락에 털실을 돌돌 감아준다. 큰 사이즈는 손가락 4개에 둘러 100회 이상, 작은 사이즈는 손가락 두어 개에 50회 이상 감는다. 여러 번 감을수록 볼륨감이 산다.

3 ②의 털실 뭉치 가운데를 같은 실로 두어 번 둘러 꽉 묶는다. 털실은 상자를 묶을 수 있을 길이로 넉넉히 남긴다.

4 ③의 털실 뭉치의 양옆 고리(손가락이 들어있던 부분)를 모두 자른 후, 살살 비벼 동그란 모양을 만들고 튀어나온 실은 가위로 정리한다.

5 ①의 상자에 묶어 장식한다.

1
2 | 3
4 | 5

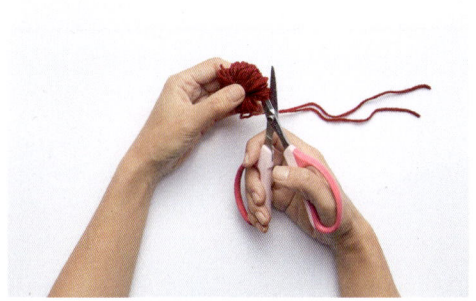

DECORATING ECO BAG

내 맘대로 장식 에코백

보조가방으로 쓰기 좋은 에코백은 구디백과 선물을 함께할 수 있어 더욱 알찬 아이템입니다. 에코백을 아이와 함께 디자인해서 꾸며보세요.

재료
여러 색상 열전사지
면 에코백
면 리본
오브제(스마일·태슬)

도구
펜
가위
다리미
보호용 천
글루건

1. 열전사지 뒷면에 원하는 모양을 여러 개 그려 가위로 오린다.
2. 에코백을 잘 펼쳐 ①의 뒷면이 아래로 가도록 모양을 배치한다. 천을 덧대어 다리미질한 뒤 전사지 윗면의 투명한 필름을 벗겨낸다.

   TIP 전사지를 다릴 때는 고온에서 골고루 충분히 눌러가며 다림질한다. 스팀 모드는 사용하지 않는다.

3. 열전사지에 아이의 이니셜도 그려 오린 뒤 리본을 같은 방법으로 꾸민 다음 오브제를 글루건으로 붙인다.
4. 리본에 태슬을 끼운 후 ②의 에코백 손잡이 한쪽에 ③의 리본과 함께 묶어 장식한다.

1 | 2 | 4

CUSTOM
DESIGN BAG
커스텀 디자인 가방

아이들 사진이나 의미 있는 이미지를 직접 프린트한 가방도 DIY로 얼마든지 제작할 수 있습니다. 원하는 이미지를 인쇄용 열전사지에 프린트해 활용해보세요. 옷을 리폼할 때도 유용한 아이디어입니다.

재료
인쇄용 열전사지
면 에코백
폼폼 레이스 끈
태슬

도구
잉크젯 프린터
가위
다리미
보호용 천
글루건

1. 컴퓨터에서 이미지를 좌우 반전해 열전사지에 프린트한 다음 5mm 여백을 두고 모양대로 가위질한다.

2. 에코백을 잘 펼쳐 ①의 인쇄 면이 아래로 가도록 올린 후 천을 덧대고 다리미질한다. 전체적으로 고온에서 30초 정도 골고루 다려준 후 전사지를 즉시 떼어낸다.

TIP —— 열을 가한 부분의 온도가 식으면 전사지가 잘 떨어지지 않는다. 식기 전에 바로 떼어내고, 안 떨어질 경우 다시 열을 간한다. 종이를 떼어낸 후에는 전사된 천을 충분히 늘려줘야 모양이 잘 나온다.

3. 가방 지퍼 부위나 테두리에 원하는 폼폼 레이스 끈을 글루건으로 붙이고, 태슬을 묶어 장식한다.

1 | 2 | 3

 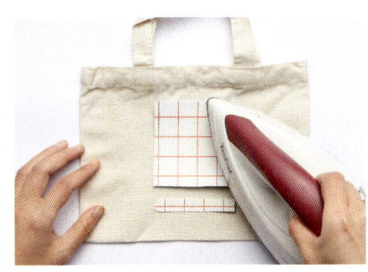 

ICE CREAM SHOPPING BAG

입체 아이스크림 쇼핑백

쇼핑백은 그 자체가 훌륭한 포장이에요. 장식으로 태그와 허니콤볼, 리본 등 기본 아이템을 활용해보세요. 입체감이 돋보이는 아이스크림 디자인이 밋밋한 쇼핑백을 사랑스럽게 변신시켜 줄 거예요.

재료
크라프트지
컬러 쇼핑백
허니콤볼
미니 폼폼
모루
흰색 종이
문자 스티커
리본

도구
가위
양면테이프
글루건
철사가위
펀치

1 크라프트지에 격자무늬를 사선으로 그린 후 삼각형으로 잘라 콘 모양을 만든 다음 쇼핑백에 양면테이프로 붙인다.

2 허니콤볼 2개를 각각 반원 모양으로 펼쳐서 ①의 콘 위에 아이스크림 모양으로 글루건을 이용해 붙인다.

3 모루는 적당한 길이를 철사가위로 잘라 미니 폼폼에 글루건으로 붙여 체리 모양을 만든다. 이것을 ②의 아이스크림 위에 글루건으로 붙인다.

4 종이에 태그 모양을 그려 오린 뒤 펀치로 구멍을 뚫고 메시지를 쓰거나 문자 스티커를 붙여 꾸민다. 리본을 두어 겹 겹쳐 태그에 끼우고 쇼핑백 손잡이에 묶어서 장식한다.

2 | 3 | 4

1 | 3
4 | 5

CONFETTI MESH RIBBON SHOPPING BAG

컨페티 망사 리본 쇼핑백

컬러풀한 폼폼과 반짝이는 스팽글을 넣어 만든 컨페티 망사 리본이
포인트인 포장법입니다. 평범한 쇼핑백도 사랑스럽게 변신시켜 주죠.
간단한 아이디어 하나로 기분 좋은 선물 포장을 완성하세요.

재료

컬러 쇼핑백
핑크 색지
파랑 마스킹테이프
흰색 망사 천
망사 리본
미니 폼폼
스팽글

도구

가위
양면테이프

1 색지를 쇼핑백 크기에 맞춰 삼각형으로 오린다. 마스킹테이프를 붙여 줄무늬 패턴을 만든 뒤 쇼핑백에 양면테이프로 붙인다.

2 망사 천은 쇼핑백을 기준으로 가로는 폭의 2배, 세로는 높이와 동일하게 재단한다.

3 ②의 천을 가로로 길게 펼치고 가운데에 폼폼과 스팽글을 적당한 위치에 올린 다음 위아래 천을 가운데로 겹쳐 접어 리본 끈 모양을 만든다.

4 ③의 천 양쪽 날개 부분을 가운데로 겹쳐 접는다.

5 ④의 중앙을 망사 리본으로 묶어 리본 모양으로 성형한 뒤 손잡이에 묶어 장식한다.

HOME-MADE CUP
내가 꾸민 컵

물전사지는 말하자면 판박이에요. 패브릭이나 머그컵 등을 원하는 이미지로 꾸밀 때 유용하지요. 만들기도 간단하지만, 레이저 프린터 인쇄 시 작업하기가 더 편하니 알아두세요!

재료
7온스 머그컵
물전사지

도구
레이저 프린터
가위
고무 스크레이퍼

1 컴퓨터에서 이미지를 원하는 모양과 사이즈로 편집해 물전사지에 프린트한 다음 2mm 여백을 두고 모양대로 가위질한다.

TIP —— 전사지의 코팅 면에 인쇄한다.

2 용기에 물을 받아 ①의 인쇄 면이 수면에 닿도록 띄워 물에 흠뻑 적신다.

3 ②의 전사지에서 종이 부분을 떼어내고 컵에 붙인다.

4 고무 스크레이퍼로 ③의 전사지를 살살 훑어 기포를 뺀 다음 건조시킨다. 종이타월로 대신해도 좋다.

TIP —— 여름에는 상온에서 3~4시간 정도 건조시키고, 겨울에는 헤어드라이어 바람으로 충분히 건조한다.

1 | 2
3 | 4

TOY CAR

GOODIE BOX

TOY CAR
GOODIE BOX
씽씽 장난감 자동차 구디박스

도로 위를 달리는 자동차 구디박스, 정말 근사하지요? 모양 마스킹테이프를 활용하면 개성 만점의 포장법을 간단하게 연출할 수 있어요. 몇 번이고 고쳐 붙일 수 있어 만들기가 서툴어도 간편하게 사용할 수 있습니다.

재료
장난감 자동차
7온스 흰색 포장상자
도로 마스킹테이프
지철사
종이 인쇄물(숫자·신호)
종이빨대
나무 꼬치

도구
가위
송곳
글루건

1   상자에 도로 모양의 마스킹테이프를 깔끔하게 붙인다.

TIP —— 상자는 뚜껑 부위가 오른쪽 옆면으로 오게 자리 잡는다. 뚜껑 옆면을 제외한 윗면, 반대편 옆면, 아랫면을 모두 마스킹테이프로 붙여야 모양 잡기가 좋다.

2   자동차 앞·뒤 바퀴 부분에 지철사를 넣고 한데 모아 꼬아준다.

3   ①의 상자 도로면에 자동차 앞·뒤 바퀴 너비로 송곳으로 구멍을 뚫은 뒤, ②의 지철사를 넣고 안쪽에서 모아서 꼬아준다.

4   종이 인쇄물을 준비한다. 두꺼운 종이에 숫자, 신호 등을 원하는 모양과 사이즈로 프린트해 가위로 자른다.

5   마스킹테이프를 붙이지 않은 ③의 상자 앞면에 숫자 인쇄물을 글루건을 이용해 붙인다.

6   종이빨대를 6cm 길이로 자른 뒤 신호 인쇄물을 글루건으로 부착한다.

7   ⑤의 상자 건널목 부위에 송곳으로 구멍을 뚫은 뒤 나무 꼬치를 5cm 길이로 잘라 꽂는다.

8   ⑥의 신호 빨대 아래 안쪽에 글루건을 넣고 ⑦의 꼬치에 끼워 고정한다.

1
2 | 3

5 | 7

1 | 2
4 | 5

SMILE BALLOON GOODIE BOX

스마일 풍선 구디박스

스마일 풍선으로 위트 넘치는 구디박스를 연출해보세요. 원하는 모양이나 프린트 풍선으로 응용 가능합니다. 토퍼로도 안성맞춤이에요.

재료

스마일 풍선 5인치
지끈
종이빨대
검정 마스킹테이프
검정 리본
7온스 흰색 포장상자
메시지 스티커

도구

손 펌프
가위
칼
자

1 풍선을 펌프로 지름 8~10cm 크기로 분다.
2 풍선 주입구를 잘라내 매듭 부분에 지끈을 연결한다. 이것을 종이빨대 안에 넣어 지지대를 만든 후 여분의 끈은 잘라낸다.
3 ②의 지지대 연결 부위를 마스킹테이프로 감은 뒤 같은 컬러 리본을 묶어 장식한다.
4 포장상자 뚜껑 중앙에 열십자(+) 모양으로 칼집을 내고, 박스 앞면에 메시지 스티커를 붙이거나 네임펜으로 직접 작성한다.
5 ④의 상자를 만든 뒤 ③의 풍선을 구멍에 꽂아 모양을 잡는다.

TIP —— 구디박스 안에 내용물을 넣을 때 빨대를 꽂을 수 있게 세로로 세운다.

HORRIBLE MONSTER GOODIE BOX

무시무시 몬스터 구디박스

핼러윈 하면 빼놓을 수 없는 괴물을 모티프로 한 구디박스입니다. 익살스럽게 표현한 눈알이 포인트로, 빨간 혓바닥을 종이로 기다랗게 잘라 메시지 태그로 활용해도 재밌겠죠? 다양하게 활용해보세요.

재료
흰색 종이
리본
7온스 검정 포장상자
탁구공
모루
눈알 스티커

도구
가위
송곳
글루건

1. 흰색 종이는 이빨 모양으로 뾰족뾰족하게 오리고, 리본은 적당한 길이로 잘라 혓바닥을 만든다. 상자 앞면에 글루건으로 붙인다.
2. 탁구공에 송곳으로 구멍을 뚫고 모루를 넣어 고정한 뒤 눈알 스티커를 붙인다. 재미난 모양으로 인쇄해 글루건으로 붙여도 좋다.
3. 상자 윗면(뚜껑)에 송곳으로 구멍을 두 군데 뚫고 ②의 모루 끝을 각각 넣어 안쪽에서 모아서 꼬아 고정한다.
4. 모루를 구부려 눈알 모양을 재밌게 연출한다.

1 | 2 | 3

 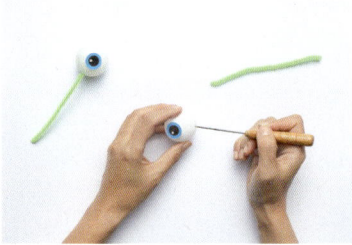 

SHINING CONFETTI PACKAGE
반짝반짝 컨페티 패키지

선물에 개성과 품격을 더하는 것이 바로 포장의 힘입니다. 마치 의복을 때와 장소에 걸맞게 갖춰 입는 것과 같아요. 컨페티는 포장할 때도 유용합니다. 평범한 판 초콜릿도 스타일리시한 선물로 만드는 훌륭한 옷이지요.

재료
초콜릿
흰색 종이
컨페티
투명 비닐 포장지
리본
태그
모루

도구
가위
양면테이프
펀치

1. 흰색 종이를 초콜릿의 겉 포장지 사이즈에 맞게 잘라 테두리에 모두 양면테이프를 붙인다.
2. ①의 양면테이프 안쪽에 컨페티를 배치한다.
3. ②의 포장지에서 양면테이프의 종이를 제거한 뒤 투명 비닐 포장지를 올려 붙인 다음 사이즈에 맞게 여분의 비닐을 잘라준다.
4. 태그에 펀치로 구멍을 뚫고, 모루를 적당한 길이로 잘라 펜에 돌돌 말아 꽈배기 모양으로 만든다.
5. 초콜릿을 ③의 포장지로 감싼 후 리본으로 묶는다. ④의 태그를 리본 줄에 연결하고 모루를 얹은 후 리본으로 다시 한 번 묶어 정리한다.

2 | 3 | 5

GUMBALL MACHINE PACKAGE

GUMBALL MACHINE PACKAGE

검볼 머신 패키지

오너먼트 볼과 종이컵으로 만든 검볼 머신 패키지는 정성이 들어가는 만큼 개성 넘치는 포장법이에요. 사이즈가 작은 피규어나 미니어처 등을 넣어 선물까지 겸한다면 더할 나위 없이 좋겠죠?

재료
은색 원형 스티커
빨강 종이컵
캔 뚜껑 손잡이
나비 볼트
빨강 색지
투명 원형 오너먼트 볼
미니 폼폼
장난감
트와인끈
리본

도구
가위
글루건
실리콘 양면 접착제
펀치

1 원형 스티커의 끝을 3분의 2 정도 잘라낸다.
2 종이컵을 거꾸로 놓고 입술면에 ①의 스티커 절단선을 맞춰 붙인다. 캔 뚜껑과 나비 볼트를 글루건으로 붙여 다이얼 모양을 만든다.
3 빨강 색지는 지름 3cm 원형, 길이 7cm 폭 1cm 띠로 각각 자른다. 원형은 가운데에 펀치로 구멍을 뚫는다.
4 ③의 빨강 원형 색지의 테두리에 띠를 글루건으로 붙여 꼭지를 만든다.
5 오너먼트 볼에 폼폼과 장난감을 넣는다.
6 트와인끈을 오너먼트 볼 고리에 끼운 후 ④의 꼭지 구멍으로 빼낸 다음 가운데에 리본을 올려 묶는다.
7 ②의 종이컵 위에 ⑥의 오너먼트 볼을 실리콘 양면 접착제로 붙인다.

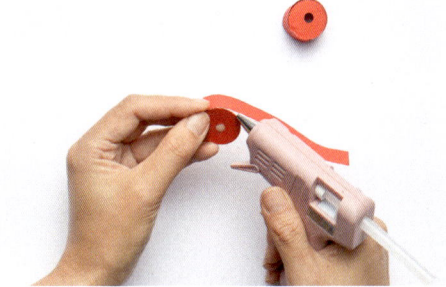

1 | 2
4

GUMBALL MACHINE PACKAGE

5
6

ADD TO ITEMS

WELCOME CARD
웰컴 카드

웰컴 카드나 초대장은 파티의 기대감을 부풀려주는 기폭제 역할을 합니다. 허투루 넘길 수 없는 이유지요. 원하는 이미지나 메시지를 종이에 인쇄해 풍선, 장난감, 컨페티, 종이빨대 등 단골 파티 재료로 쉽고 간단하게 만드는 법을 알려드릴게요.

PERFORATED LETTERING | 타공 레터링

재료 흰색 머메이드지, OPP 봉투 15×20cm, 컨페티
도구 칼, 칼판, 양면테이프

1. 패턴지를 사용하거나 원하는 이미지를 종이에 인쇄한다. 메시지나 글자를 종이에 인쇄해 칼로 깔끔하게 잘라낸다. 이때 두 종이는 사이즈를 같게 한다.
2. ①의 패턴 종이를 OPP 봉투에 넣고 프린트 면에 컨페티를 넣은 뒤 봉투를 붙인다.
3. ②의 OPP 봉투에 ①의 글자를 파낸 종이를 양면테이프로 붙인다.

1 | 2 | 3

KIDS' DREAM BALLOON | 아이들의 꿈 풍선

재료 아이 사진, 컬러 라텍스 풍선 5인치
도구 칼, 손 펌프

1. 아이 사진을 종이나 인화지에 인쇄해 준비한다. 입술 아랫부분에 열십자(+)로 칼집을 낸다.
2. 풍선을 지름 5cm 크기로 동그랗게 불어 ①의 구멍에 끼운다.

1 | 2

ANIMAL ON THE GRASS | 초원 위 동물

재료 머메이드지(흰색·노란색), 동물 피규어, 리본, 지철사
도구 가위, 칼, 칼판, 연필, 송곳, 폼 양면테이프

1   흰색 종이에 잔디 패턴을 인쇄하고, 노란색 종이에 이니셜 글자를 인쇄해 모양대로 자른다.
2   동물 피규어는 목에 리본을 묶어 장식한 다음 ①의 잔디 프린트 종이에 올린다. 종이에 장난감을 고정할 구멍을 연필로 두어 군데 표시한 뒤 송곳으로 뚫어 지철사로 고정한다.
3   ①의 이니셜 글자는 ②의 종이에 폼 양면테이프로 붙여 입체감을 살린다.

1 | 2 | 3

STAR MAGIC WAND | 별 마법봉

재료 별 모양 투명 오너먼트 볼, 컨페티, 폼폼, 모루, 미니 태슬, 종이빨대, 메시지 프린트 머메이드지
도구 오링 반지, 평자 집게, 가위, 글루건, 칼, 칼판

1. 오너먼트 볼에 컨페티, 폼폼, 모루를 넣고 고리에 오링 반지와 평자 집게를 이용해 미니 태슬을 달아준다.
2. 종이빨대는 끝 부분에 1cm 높이로 네 군데 가위집을 낸다.
3. ②의 가위집을 벌려 오너먼트에 글루건으로 붙여 손잡이를 만든다.
4. 메시지를 프린트한 종이에 2cm 길이의 칼집을 1cm 간격으로 두 줄 만든 뒤 ③의 마법봉을 끼운다.

3 | 4

DAISY DESIGN | 데이지 꽃 디자인

데이지 꽃 도안 P230   **재료** 머메이드지
  도구 칼, 가위, 자, 양면테이프

1 데이지 꽃이 있는 이미지에 숫자, 메시지 등을 넣어 인쇄한다.
  이미지 편집 프로그램이 이용하면 편리하지만, 없는 경우는 데이지 꽃이 있는 이미지를 프린트한 후 크기만 조절해서 글씨를 직접 쓰거나 문자 스티커를 사용한다.
2 테두리 모양대로 칼과 가위로 재단한다.
3 카드는 칼 뒤축으로 그어 접음선을 만든다. 삼각기둥은 양면테이프로 부착한다.

2 | 3

3. STYLING

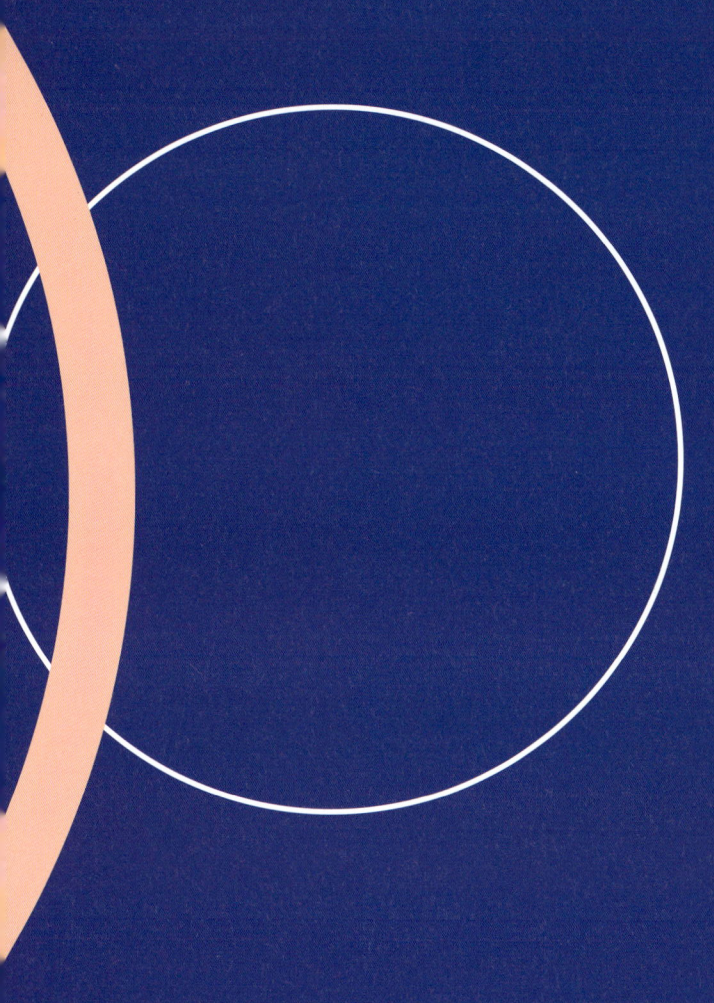

스타일링

RAINBOW

무지개

빨주노초파남보. 무지개 빛깔은 자기만의 색깔이 확실하면서도 한데 어우러지는 에너지로 가득합니다. 기분 좋은 곳으로 안내해주는 듯 하지요. 그래서일까요? 어른 아이 할 것 없이 모두 무지개를 보면 행복해합니다. 덕분에 파티 콘셉트로도 실패 확률 제로지요.

●●● 배경판을 설치하면 장소에 구애받지 않고 콘셉트에 맞춰 손쉽게 연출할 수 있다. 쥬마뻴 등 전문 스타일링 업체에서는 대개 주문 제작을 하지만, 가정에서라면 폼보드를 활용해 직접 만들 수 있다. 배경판에 알록달록하게 꾸민 벌룬 크라우드를 더해 입체감 있는 세트를 만든 후 무지개 풍선, 무지개 실사물 등 콘셉트에 맞는 소품을 배치해보자.

RAINBOW
IMAGE BOARD
무지개 실사물

콘셉트에 맞는 실사물은 그 자체가 훌륭한 소품입니다. 크기가 크지 않아도 좋아요! 테이블 위에 센터피스나 네임카드로 활용해도 충분합니다.

무지개 도안 P230

재료
무지개 프린트 종이
폼보드
종이 지지대

도구
가위
스프레이 접착제
폼보드 절단기

1. 종이에 무지개 이미지를 원하는 사이즈로 인쇄해 모양대로 자른다.
2. 폼보드에 스프레이 접착제를 고루 분사한 후 ①의 종이를 붙인다.
3. 전용 절단기로 ②의 폼보드를 무지개 모양대로 자른다.

TIP —— 절단기의 철사 부분을 폼보드 단면에 수직으로 놓고 조각내면서 잘라낸다.

4. 인쇄 뒷면에 종이 지지대를 붙인다.

2 | 3 | 4

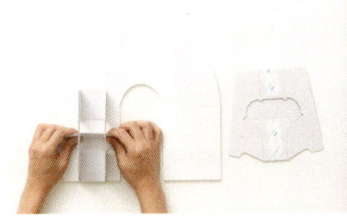

RAINBOW BALLOON CLOUD

무지개 벌룬 클라우드

구름을 연상시키는 벌룬 클라우드는 풍성하게 만들어 천장에서 테이블이나 바닥으로 이어지게 하거나 배경판을 설치해 걸치듯이 연출해보세요.

재료
컬러 라텍스 풍선
(13cm·30cm·45cm)
풍선 스트랩
낚싯줄

도구
손 펌프

1 풍선을 펌프로 분다.

TIP ─── 풍선 수량은 원하는 길이의 절반이 적당(2m에 100개, 1m에 50개).
45cm 풍선은 1m당 1개씩, 13cm와 30cm 풍선은 같은 개수로 준비한다.

2 풍선 스트랩을 원하는 길이로 자른다.

3 풍선 스트랩의 양 끝 마지막 칸은 남겨두고, 다음 칸에 가장 큰 45cm 풍선을 끼운다. 한 칸에 구멍 2개가 있는데 각각 앞뒤로 끼운다.

4 모양을 보면서 45cm, 30cm, 13cm 풍선을 ③과 같은 방식으로 끼운다.

TIP ─── 스트랩에 끼울 때 풍선 공간이 부족하면 몇 칸씩 띄우면서 작업한다.

5 ③에서 남긴 양 끝 칸에 낚싯줄을 묶는다.

TIP ─── 벽, 천장 등에 고리 마운트를 부착 후 스트랩에 연결한 낚싯줄로 고정한다.

3-1 | 3-2
4 | 5

RAINBOW
LARGE BALLOON
큼직한 무지개 풍선

커다란 헬륨 풍선은 직접 꾸미는 홈 파티의 필수 아이템이라 해도 과언이 아니에요. 약간의 센스를 발휘해 풍선에 파티 스트리머를 달아 주세요. 바람에 하늘하늘 흔들리면 더욱 멋지답니다.

재료
무지개 호일 풍선(대형)
일회용 헬륨가스
컬링 리본
종이 파티 스트리머
(노랑·분홍)
무게추

도구
가위

1 헬륨가스 통의 밸브를 반시계 방향으로 열어 가스가 나오게 한 뒤, 주입기 부분을 풍선 주입구에 넣고 당기거나 눌러 가스를 넣는다.
2 풍선이 빵빵해지면 주입구를 손으로 잡고 고무 주입기에서 뺀다.
3 컬링 리본을 주입구에 두어 번 꽉 묶고, 리본 끝에 무게추를 달아준다.
4 노랑과 분홍 스트리머를 적당한 길이로 자른다.
5 ③의 컬링 리본 사이에 ④의 스트리머를 겹쳐 올린 후 묶어 완성한다.

1 | 3 | 5

원형의 투명 박스에 풍선을 넣고 태슬을 달아 완성한 스마일 행잉으로 별도 제작이 필요하다. DIY 키트는 키미데이(KIMMY-DAY) 제품으로 인터넷이나 SNS를 통해 구입 가능하다.

쥬마뻴을 비롯한 전문가들이 스타일링할 때 자주 활용하는 아크릴 박스 테이블. 별도의 제작이 필요하지만 안에 풍선을 넣거나 겉면을 종이나 시트지로 꾸며 활용하기 좋다.

DINOSAUR

공룡

남자아이들이 한 번씩은 푹 빠지는 장난감이 바로 공룡입니다. 아이들은 공룡 장난감을 가지고 노는 것만으로도 스스로 공룡처럼 힘이 세고 강한 존재가 된다고 여긴다고 해요. 에너지 넘치는 아이에게 공룡과 함께하는 파티는 몸과 마음을 모두 한 뼘씩 자라게 해주는 기회가 될 거예요.

●●● 공룡을 콘셉트로 한 파티라면 공룡 튜브로 분위기를 살려 보자. 공룡은 지구와 자연계에 대해 배우는 계기이기도 하다. 그린을 메인 컬러로 벌룬 클라우드를 설치하고, 나뭇잎 조화로 곳곳에 포인트를 주어 자연미를 더한 스타일링을 연출했다.

REMAINS WELCOME BOARD

자투리 모음 웰컴 보드

조금씩 남은 천이나 애매한 길이의 리본 등 자투리가 있다면 시도해보세요. 패턴과 컬러가 제각각인 자투리들이 모여 그럴싸한 디자인 웰컴 보드가 완성됩니다.

재료
코르크 폼보드
자투리(패브릭·펠트·리본·폼폼·나뭇잎 조화 등)

도구
펜
기화성 펜 또는 초크 펜
가위
글루건

1 코르크 폼보드에 메시지를 펜으로 적는다.
2 패브릭과 펠트는 기화성 펜이나 초크 펜으로 글자 모양을 그려 오린 뒤 글루건으로 폼보드에 붙인다.
3 리본, 조화, 폼폼은 글자 모양대로 폼보드에 글루건으로 붙인다.

1 | 2 | 3

 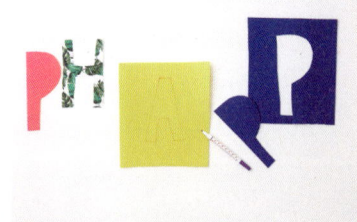 

BUNDLE OF HELIUM BALLOONS

둥둥 헬륨 풍선 다발

헬륨 풍선 다발은 생일, 결혼, 여행 등 특별한 날을 위한 사진의 소품으로도 사랑받지만, 파티 스타일링의 포인트 오브제 역할도 톡톡히 합니다.
어느 곳에 두어도 존재감을 발휘하며 분위기를 돋워주지요.

재료
컬러 라텍스 풍선 30cm
일회용 헬륨가스
컬링 리본
무게추

도구
가위

1. 헬륨가스 통의 밸브를 반시계 방향으로 열어 가스가 나오게 한 뒤, 주입기 부분을 풍선 주입구에 넣고 위나 아래로 눌러 가스를 넣는다.
2. 풍선 크기가 30cm정도 되면 바람이 새어나오지 않게 주입구를 손으로 꽉 잡고 고무 주입기에서 빼준다.
3. 풍선 주입구를 묶을 때 컬링 리본을 함께 묶는다.

TIP 풍선을 잡은 손과 풍선 사이에 컬링 리본을 올리고 주입구를 끈으로 삼아 함께 묶는다.

4. 10개 정도 풍선을 만들어 높낮이를 달리해 삼각 모양으로 잡은 후 한 뼘 아래에서 끝들을 모아 묶는다.
5. 모아 묶은 끈의 끝부분에 무게추를 달아준다.

1 | 3 | 5

2
3

GLITTER NUMBER CENTERPIECE
반짝이 숫자 센터피스

이른바 '반짝이 가루'라 불리는 글리터는 센터피스를 화려하게 꾸며주는 재료 중 하나입니다. 가루가 날릴까 염려된다면 컬러 폼보드에 글리터 풀로 포인트를 더하세요.

재료
숫자 프린트 종이
폼보드
골드 글리터

도구
펜
폼보드 절단기
스프레이 접착제
가위

1 숫자를 원하는 사이즈로 종이에 인쇄해 모양대로 잘라 도안을 만든다.
2 폼보드에 숫자 도안을 올리고 그려 전용 절단기로 자른 다음 스프레이 접착제를 고루 뿌린다.
3 ②의 접착제를 도포한 면에 글리터를 뿌린 후 말끔히 털어낸 후 말린다.

TIP —— 글리터는 가루가 잘 날리므로 반드시 실외에서 도포해 말린다.

TROPICAL BALLOON CLOUD
열대 벌룬 클라우드

벌룬 클라우드는 파티 스타일링의 중요한 틀인 만큼 주요 소재를 중간중간 더해 넣기만 해도 분위기가 달라집니다.
디테일은 전체 분위기를 통일하는 데에서 온다는 것, 잊지 마세요!

재료
나뭇잎 조화(몬스테라·아레카 야자·셀렘·소철)
컬러 라텍스 풍선(13cm·30cm·45cm)
풍선 스트랩
요술 풍선 160s
낚싯줄

도구
손 펌프

1. 벌룬 클라우드를 만든다. 방법은 '무지개 벌룬 클라우드' 만드는 과정 (P163) ①~⑤번과 같다.
2. 나뭇잎 조화 줄기에 요술 풍선을 묶는다.
3. 벌룬 클라우드의 스트랩 중간중간에 ②의 조화를 2번 정도 묶어서 고정한다.
4. 양 끝 칸에 낚시줄을 묶어 원하는 위치에 고정한다.

2 | 3

FLOWER

꽃

파티 스타일링은 콘셉트를 정하는 것에서 시작합니다. 꽃은 아이 생일이나 브라이덜 샤워, 베이비샤워, 웨딩 등 개인의 기념일은 물론 브랜드 이벤트의 포토존을 연출할 때도 사랑받는 모티브예요. 풍선과 다양한 종이로 꾸민 플라워 스타일링으로 소중한 날을 아름답게 가꿔보세요.

●●● 배경판과 벌룬 클라우드는 장소를 불문하고 세트를 만들 때 자주 활용하는 조합이다. 오렌지와 핑크를 기본 컬러로, 가운데 배경판을 세우고 양 옆으로 벌룬 클라우드를 설치하면 하나의 무대가 완성된다. 벽에 주인공의 이름을 시트지로 커팅해 붙이고, 주변에 꽃 무늬를 장식 용도로 활용하면 로맨틱한 분위기를 살릴 수 있다.

DAISY

PIÑATA

DAISY PIÑATA
데이지 꽃 피냐타

피냐타는 우리의 박 터트리기와 비슷한 중남미 아이들의 놀이 문화입니다. 정성이 이만저만 아니지만 아이들에겐 신나는 놀이 시간이 될 거예요.

(데이지 꽃 도안 P230)

꽃 지름 60cm, 틀 지름 20cm
재료
골판지
흰색 습자지
컬링 리본
데이지 꽃 프린트 종이
폼보드
컨페티
알사탕

도구
펜
자
칼
칼판
양면테이프 폭 2cm
송곳
가위
글루건
폼보드 절단기

1 골판지 무늬를 가로로 놓고 10cm 폭, 60cm 길이로 자른다.
2 옆면과 구멍을 만든다. ①의 한 쪽 끝을 2cm 정도 시접을 남기고 접은 뒤, 접음선부터 5cm 부위에 펜으로 × 표시(구멍 오픈 줄)를 한다. 동그랗게 말아 × 표시와 마주보는 곳을 기준점으로 잡고, 양쪽으로 5cm 위치에 펜으로 행잉 줄 달 위치를 두 군데 표시한다.
3 ②에서 표시를 하지 않은 민면에 양면테이프를 촘촘히 붙인다.
4 습자지를 5장쯤 겹쳐 가로로 놓고 10cm 높이로 길게 잘라 반으로 접는다. 이것을 10cm 길이로 잘라 윗부분에 2cm 공간을 남기고 술 모양으로 자른 뒤 접선을 잘라준다.
5 ②에서 × 표시(구멍 오픈 줄)를 기준선으로, 양 끝의 아래부터 ④의 술을 층층이 붙인다.
6 ②에서 구멍 오픈 줄과 행잉 줄을 표시한 곳에 송곳으로 작은 구멍을 뚫어 컬링 리본을 연결한다.
7 데이지 꽃 프린트 종이를 붙인 폼보드를 절단기로 잘라 2개를 만든다.
8 ⑥에서 구멍을 제외한 틀 전체를 ⑦의 데이지 꽃 폼보드에 붙인 뒤 나머지 폼보드를 마주 붙인다. 컨페티나 알사탕 등을 채워 넣고 구멍 시접을 안쪽으로 넣어 테이프를 살짝 붙여 마무리한다.

1

2-1 | 2-2
3

DAISY PIÑATA

4 | 5
6-1 | 6-2
8

LARGE NUMBER BOARD
커다란 숫자 보드

요즘 온·오프 라인에서 '실사출력'하는 곳이 많아졌지요? 원하는 이미지를 폼보드에 인쇄하도록 맡길 수도 있지만, DIY로 손수 제작하는 방법도 있습니다. 품은 들지만 비용 절감과 정성을 더할 수 있을 거예요.

> 데이지 꽃 도안 P230

재료
종이
폼보드(흰색·노란색)
데이지 꽃 프린트 종이

도구
가위
양면테이프
펜
폼보드 절단기

1. 한글(hwp) 파일에서 숫자 도안을 4분할로 프린트해 가위로 오린다.

   TIP —— 숫자를 A4사이즈에 꽉 차게 적는다. '인쇄' 버튼을 눌러 '나눠 찍기'를 설정한 후, 확장 버튼을 눌러 '가로세로 확대/축소' 비율을 적어 인쇄한다. 가로세로 확대 비율은 '원하는 분할×100'을 기준으로, 4분할은 400%로 설정한다.

2. 양면테이프로 붙여 숫자 도안을 완성한다.
3. 폼보드 뒷부분에 ②의 도안을 올려 펜으로 그린다.
4. 폼보드 절단기로 숫자 모양대로 자른다.
5. 데이지 꽃 프린트 종이를 붙인 폼보드를 절단기로 잘라 숫자 위에 붙여 장식한다.

2 | 3 | 4

FLOWER BALLOON CLOUD

꽃 벌룬 클라우드

풍선으로 꽃 모양 만드는 법을 소개합니다. 벌룬 클라우드에 요술 풍선으로 연결하면 사랑스런 오브제가 되고, 종이빨대에 달아주면 꽃 풍선 요술봉이 되지요. 다양하게 활용해보세요.

재료 (꽃 1개당)
하얀 라텍스 풍선 13cm 5개
노란 라텍스 풍선 13cm 2개
요술 풍선 160s

도구
손 펌프

1. 풍선은 펌프를 이용해 주먹 크기로 분다.
2. 하얀 풍선과 노란 풍선을 각각 2개씩 묶는다.
3. 하얀 풍선 묶음 2세트를 서로 꼬아준 뒤 나머지 하얀 풍선 1개를 함께 묶어 꽃 잎 5장으로 연출한다.
4. 노란 풍선 묶음 1세트를 ③의 중앙에 놓고 마주 보는 상태가 되도록 감아서 꼬아 꽃술을 만든다.
5. 벌룬 클라우드에 요술 풍선을 끈 삼아 연결한다. 벌룬 클라우드 만드는 방법은 '무지개 벌룬 클라우드' 과정(P163) ①~⑤번과 같다.

1 | 2
3 | 4

HALLOWEEN

핼러윈

핼러윈 파티는 오싹한 분위기가 날수록 흥을 돋울 수 있어요. 과거 유령과 마녀를 달래주던 의식이 오늘날 하나의 오락거리이자 이벤트로 자리매김한 만큼, 잭오랜턴(Jack-O'Lantern), 유령 등 기괴한 소품을 과감하게 활용해 핼러윈 무드를 연출해보세요.

●●● 핼러윈을 상징하는 컬러와 소품만 잘 매칭해도 파티 스타일링의 절반은 성공적이다. 오렌지, 퍼플, 블랙 컬러를 기본으로, 한 쪽 벽면에 배경판과 벌룬 클라우드를 활용해 세트를 만든 다음, 테이블에 블랙 테이블클로스를 씌운다. 여기에 호박, 해골, 유령, 박쥐 등 소품을 배치해 핼러윈 분위기를 살릴 수 있다.

PAPER BAT DECORATION
종이 박쥐 장식

기괴한 분위기를 물씬 살려주는 종이 박쥐는 만들기가 쉽고 간단합니다.
여러 개 만들어 벽, 현관, 문 등에 붙이거나 천장에 매달아보세요!

재료
검정 색지

도구
기화성 펜
가위
실리콘 양면테이프

1. 검정 색지를 반으로 접어 기화성 펜으로 박쥐 모양을 그린다.
2. 접은 종이를 모양대로 오린 후 펼친다.
3. 종이 박쥐 가운데에 실리콘 양면테이프를 붙여 벽에 부착한다.

1 | 2 | 3

1 | 2
3 | 4

GHOST HANGING
고스트 행잉

천은 꼭 두 겹으로 준비하세요. 하늘하늘한 유령을 연출하는 데에는 하얀 시폰이 좋지만, 자칫 안이 훤히 비칠 수 있어요. 면 패브릭을 안에 덧씌우기만 해도 완성도가 높아집니다.

재료(1개당)
원형 종이 랜턴 지름 20cm
검정 색지
흰 면 가로세로 80cm
흰 시폰 가로세로 100cm
컬링 리본

도구
가위
글루건

1 종이 랜턴은 조립해 동그란 모양을 만든다.
2 면과 시폰 패브릭은 4분의 1 크기로 접는다. 접힌 모서리 부분을 잘라 1cm 크기의 구멍을 만든다.
3 ①의 랜턴에 ②의 패브릭을 면, 시폰 순으로 씌워 구멍으로 랜턴 고리가 나오게 한 뒤, 고리에 컬링 리본으로 묶는다.
4 검정 색지에 눈, 입 등 표정을 그려 오린 뒤 글루건으로 ③에 붙인다.

BLING-BLING
ORBZ BALLOON

블링블링 오브 풍선

오브 풍선은 옹브레 풍선이라고도 불려요. 일반 라텍스 풍선과 비교해 체공 시간이 길고 블링블링한 광택감이 좋아 파티 스타일링에 많이 쓰이죠. 잎사귀 모양에 가스를 넣으면 공 모양이 되는 것이 가장 특징입니다.

재료

일회용 헬륨가스
오브 풍선(보라·검정)
트와인끈
무게추
은박 태슬 파티커튼
폭 15cm
컬러 라텍스 풍선 5인치

도구

손 펌프
가위
양면테이프

1 헬륨가스 통의 밸브를 반시계 방향으로 열어 가스가 나오게 한 뒤, 주입기 부분을 풍선 주입구에 넣고 가스를 주입한다.

TIP —— 오브 풍선은 헬륨가스를 주입할 때 주름이 펴지며 '펑!' 터지는 소리가 크다. 가까이에 아이가 있거나 장소에 따라 소음에 주의한다.

2 잎사귀 모양이 공 모양으로 바뀌고 주름이 다 펴지면 주입구를 손으로 잡고 뺀 후 트와인끈으로 꽉 묶는다. 실 끝에는 무게추를 달아준다.

3 라텍스 풍선을 손 펌프를 이용해 지름 5cm 크기로 분 다음, 보라 오브 풍선의 트와인끈에 묶는다. 이때 풍선 주입구를 끈 삼아 묶는다.

4 파티커튼의 태슬 윗부분에 양면테이프를 붙이고, 여분은 잘라낸다.

5 검정 오브 풍선의 매듭 부분에 ④의 파티커튼을 돌려 붙인다.

| 1 | 3 |
| 4 | 5 |

TRIANGULAR FLAG GARLAND
삼각 깃발 갈런드

종이로 만든 삼각 깃발은 다방면에서 다양하게 활용됩니다.
갈런드를 벽에 달 때는 한 쪽 끝을 다른 벽에 부착해 아치형으로 늘어지게 연출해보세요. 입체감을 더할 수 있습니다.

재료
색지(주황·보라·검정)
낚싯줄

도구
가위
바늘

1 가로 15cm, 세로 20cm 이등변 삼각형으로 종이를 여러 장 재단한다.
2 바늘에 낚싯줄을 끼우고, 삼각형 밑변의 양 끝을 바느질로 잇는다.

1 | 2

CHRISTMAS

크리스마스

크리스마스 트리가 있다면 몇 가지 아이디어만 더해도 우리 집을 멋진 파티룸으로 꾸밀 수 있습니다. 온 가족이 함께 꾸며보세요. 과정이 번거로울 수 있지만 소중한 추억을 오래오래 간직할 수 있을 거예요.

●●● 레드와 그린을 메인 컬러로, 골드를 포인트로 사용하기만 해도 크리스마스 분위기를 엣지있게 살릴 수 있다. 트리와 테이블을 중심으로 한 후 풍선 갈런드를 아치형으로 늘어지게 설치하고 천장에 골드 컬러 태슬을 포인트로 한 행잉을 달기만 해도 시선을 사로잡기에 충분하다.

TWINKLE
STAR HANGING

빛나는 별 행잉

천장에 행잉으로 매달거나 벽이나 문에 리스처럼 장식해보세요. 정성이 적잖이 들어가지만 하나만으로도 시선을 사로잡기에 충분합니다.

재료
폼보드 5T
금박 태슬 갈런드

도구
펜
자
칼
칼판
가위
양면테이프

1. 폼보드에 별 모양을 그린 뒤 칼과 자를 이용해 자른다.
2. 아랫부분부터 양면테이프를 가로로 모양을 살려 촘촘하게 붙인다.
3. ②에 태슬 갈런드를 아래부터 2cm 간격으로 층층이 붙인다.
4. 아래로 길게 내려온 태슬은 별 모양보다 약간 여유 있게 잘라낸다.
5. ③에서 가장자리는 양면테이프로 뒷면에 붙여 깨끗이 정리한다.

TIP ── 별 윗 꼭지에만 구멍을 뚫어 고리 마운트를 달아주면 계속 빙빙 돌아가기 십상이다. 양 날개 뒷면에 고리 마운트를 달아 천장에 낚싯줄로 연결하면 안정감 있게 설치할 수 있다.

3 | 4 | 5

  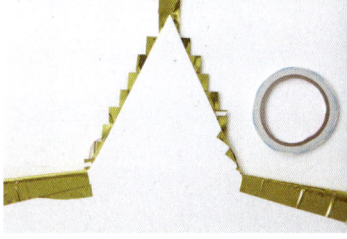

SMILE & RAINBOW ORNAMENT
스마일&무지개 오너먼트

스마일과 무지개는 대중적으로 널리 사랑받는 이미지입니다. 볼풀 공이나 투명 오너먼트 볼을 활용해 아이와 함께 트리 장식을 만들어보세요. 세상에 하나뿐인 우리 집 트리를 멋지게 완성할 수 있습니다.

무지개 도안 P230

재료
- 무지개 프린트 종이
- 투명 오너먼트 볼
- 볼풀 공
- 검정 시트지
- 낚싯줄
- 지철사

도구
- 셀로판테이프
- 철사가위
- 송곳
- 핀셋

1. 종이에 무지개 이미지를 프린트해 모양대로 자른 뒤 뒷면에 낚싯줄을 셀로판테이프로 붙인다.
2. 투명 오너먼트 볼에 무지개 이미지를 넣고 낚싯줄을 고리 구멍에 묶어 고정한 뒤 뚜껑을 닫는다.
3. 고리 구멍에 지철사를 끼워 묶어 무지개 오너먼트를 완성한다.
4. 볼풀 공에 송곳으로 구멍 2개를 뚫은 뒤 지철사를 통과해 고정한다.
5. 검정 시트지로 표정 모양을 오려 ④에 핀셋을 이용해 붙인다.

TIP —— 얼굴 모양 스티커를 이용해도 좋으며, 이때에도 핀셋을 이용하면 붙이기가 훨씬 수월하다.

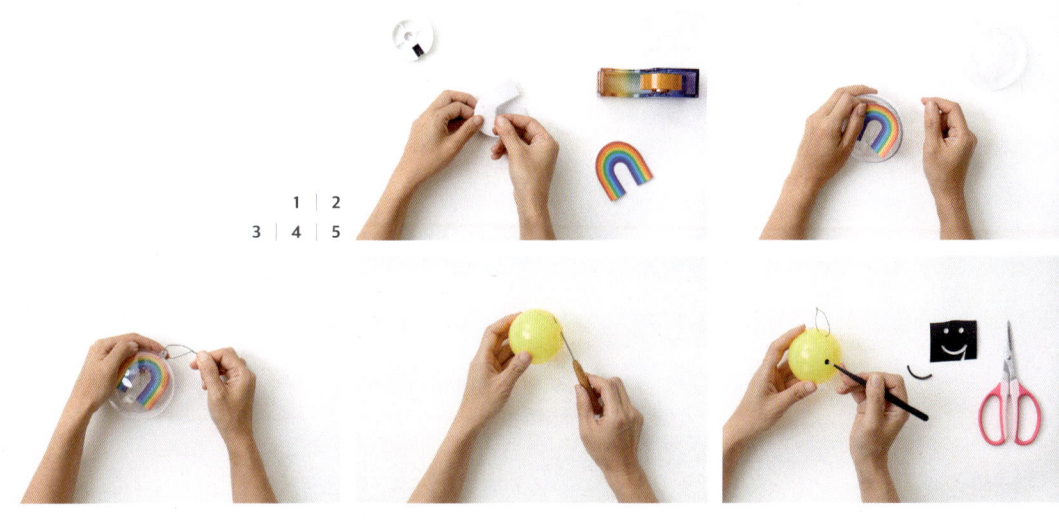

1 | 2
3 | 4 | 5

LETTERING
WELCOME BOARD
레터링 웰컴 보드

웰컴 보드는 말 그대로 환대의 의미를 갖는 아이템이에요. 손님을 반갑게 맞이하는 마음과 환영의 인사를 적극적으로 표현하는 방법인 만큼 문 앞이나 테이블 근처에 설치해주세요.

재료
폼보드
패턴 패브릭
색지(검정·노랑)

도구
가위
박스테이프
기화성 펜
글루건

1. 패브릭을 폼보드보다 여유 있게 재단해 폼보드를 감싼 후 뒤쪽에서 박스테이프로 붙인다.
2. 색지에 스마일 모양과 글자를 기화성 펜으로 그려 가위로 오린다. 스마일 모양은 글루건으로 붙인다.
3. ①의 보드에 ②를 글루건으로 붙인다.

1 | 2 | 3

LINKER BALLOON GARLAND
동글동글 링커 풍선 갈런드

'꼬리 풍선'으로도 불리는 링커 벌룬은 주입구와 꼬리가 있어 서로 묶어서 연결할 수 있어요. 길게 이어 갈런드로 만들어보세요.

재료
링커 벌룬 13cm
요술 풍선 160s
고리 마운트

도구
손 펌프

1. 풍선을 펌프를 이용해 10~15cm 크기로 분 뒤 매듭을 짓는다.
2. 풍선의 매듭과 꼬리를 묶어 원하는 길이만큼 연결한다.
3. ②의 연결 매듭 부위에 요술 풍선을 묶어 끈으로 삼는다. 벽에 고리 마운트를 붙이고 요술 풍선을 묶어 설치한다.

1 | 2 | 3

GIFT BOX

PIÑATA

GIFT BOX PIÑATA

선물 상자 피냐타

박스를 재활용해 예술적 감각이 돋보이는 피냐타 만드는 법을 소개합니다.
만들기부터 아이와 함께하면 그 자체가 유익한 놀이 시간이 됩니다.

재료

재활용 박스
간식거리(사탕·초콜릿·과자)
습자지(분홍·초록)
컬링 리본
리본
지철사

도구

마스킹테이프
양면테이프
송곳
가위
칼
자
글루건

1. 박스 안쪽을 마스킹테이프로 붙여 말끔하게 정리한다. 뚜껑 부위도 긴 쪽만 남기고 나머지는 모두 안쪽으로 넣어 붙인다.
2. 박스 아랫부분에 가로세로 10cm의 정사각형 구멍을 칼로 잘라낸 뒤 박스 안쪽에서 마스킹테이프를 듬성듬성 붙여 떼어지기 쉽게 만든다.
3. 박스에 간식거리를 너무 무겁지 않게 넣는다.
4. 박스 뚜껑 절개선을 가로로 놓고 위아래로 5cm, 양끝에서 10cm 되는 곳에 두 군데 구멍을 뚫는다. 구멍에 컬링 리본을 넣어 안쪽에서 매듭을 지은 후 박스를 테이프로 붙여 밀폐한다.
5. 박스의 전면에 양면테이프를 촘촘히 붙인다. 이때 박스 아래 구멍은 절개선을 살려 붙인다.
6. 습자지를 5장쯤 겹쳐 가로로 놓고 10cm 높이로 길게 잘라 반으로 접는다. 이것을 10cm 길이로 잘라 윗부분에 2cm 공간을 남기고 술 모양으로 자른 뒤 접선을 잘라준다.
7. 박스 양 옆면은 아래부터 ⑥의 술을 층층이 붙인다.
8. 박스 윗부분과 아랫부분은 양 끝에서 중앙으로, ⑥의 술을 층층이 붙인다.
9. 리본으로 상자를 묶듯이 ⑧의 박스에 글루건으로 붙인다. 이때에도 아래 구멍 부분은 제외한다.

TIP ── 철사로 리본 모양을 만들어 붙이면 깔끔하다. 먼저 리본으로 삼각 모양을 만든 뒤 지철사로 가운데를 감싸 자연스럽게 주름을 잡는다. 자투리 리본으로 철사 부위가 보이지 않도록 감싸 글루건으로 고정한다.

1	2
4	5
	8

GIFT BOX PIÑATA

TIP 철사로 리본 모양 만들기

219

| 1 | 2 |

ADD TO STYLINGS

BACKGROUND BOARD

배경판

배경판은 파티 스타일링을 할 때 아주 유용한 아이템입니다. 건축으로 치면 뼈대와 주춧돌 역할이라 할 수 있지요. 전문 스타일링 업체에서는 대개 제작해서 사용하지만 가정에서는 폼보드를 활용해 DIY로 만들 수도 있습니다. 한 번 시도해보세요!

재료
폼보드
종이 지지대

도구
마스킹테이프
폼보드 절단기
박스테이프

1. 스트라이프, 깅엄 체크 등 간단한 무늬는 폼보드에 마스킹테이프를 일정한 간격으로 붙여 만든다. 글자 등 장식을 더하고 싶다면 레터링 시트지를 활용한다.
2. 아치형 등 모양이 있는 배경판은 모양을 그린 후 전용 절단기로 자른다.
3. 컬러 배경판은 원하는 폼보드를 사용하고, 사이즈 큰 경우에는 뒷면 박스테이프를 붙여 연결한다.
4. 폼보드 뒷면에 종이 지지대를 붙이면 설치가 수월하다.

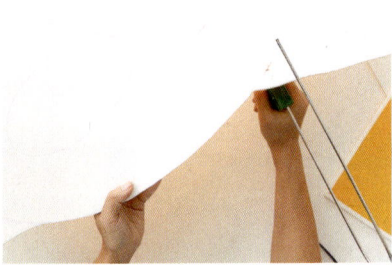 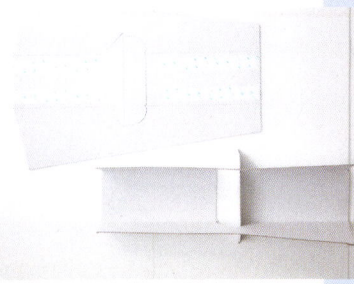

1 | 2
3 | 4

MAKE PARTY,
HAVE FUN!

HOORAY!

4. TEMPLATE

도안은 그대로 사용하거나
필요한 사이즈에 맞춰 확대 인쇄해 사용하세요.

도안

FLOWER GARDEN TOPPER P36

FLOWER GARDEN TOPPER P36

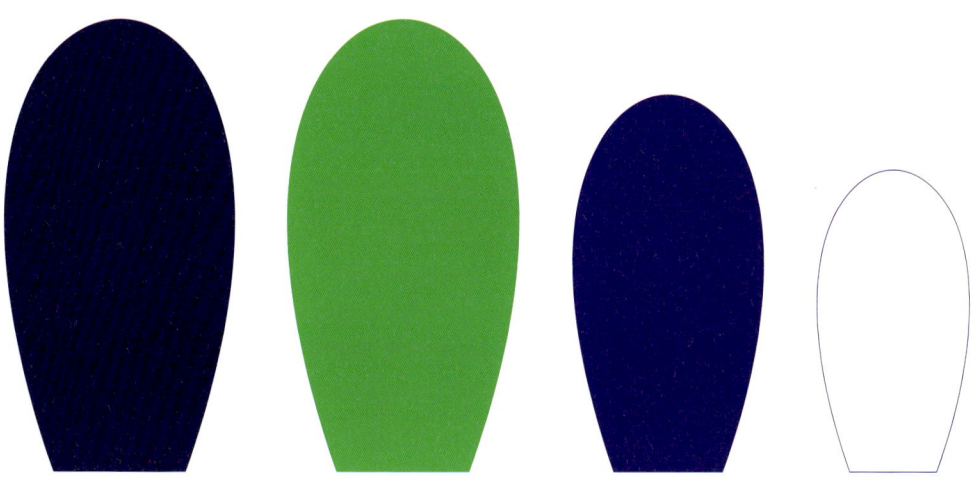

PRINCE DRESS TOPPER P64

RAINBOW P160 • 210

DAISY P153 • 184 • 188

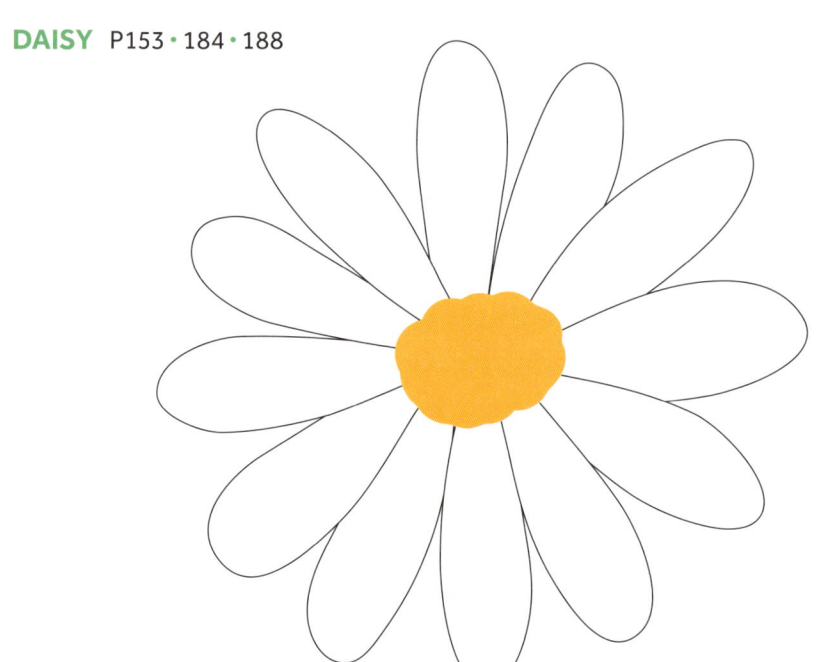

GEMSTONE TOPPER P44

GEMSTONE TOPPER P44

PARTY HAT

CONFETTI MINI CROWN P98

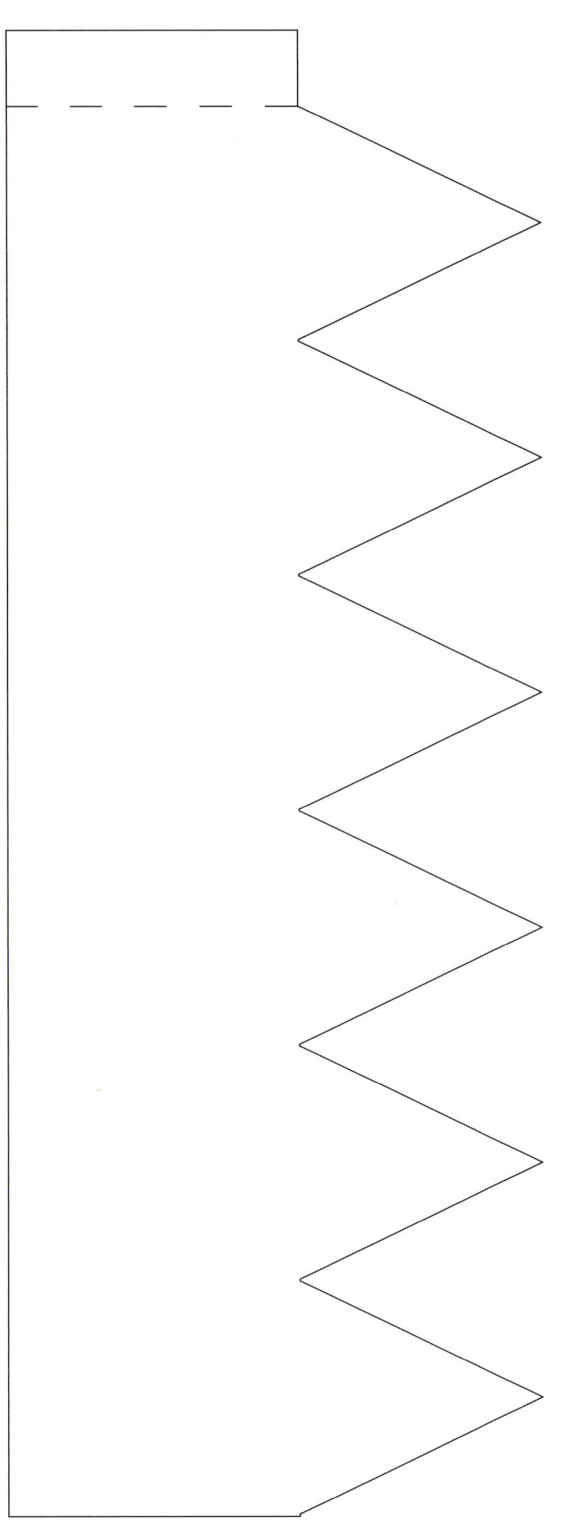

FROZEN CROWN HAIR BAND P102

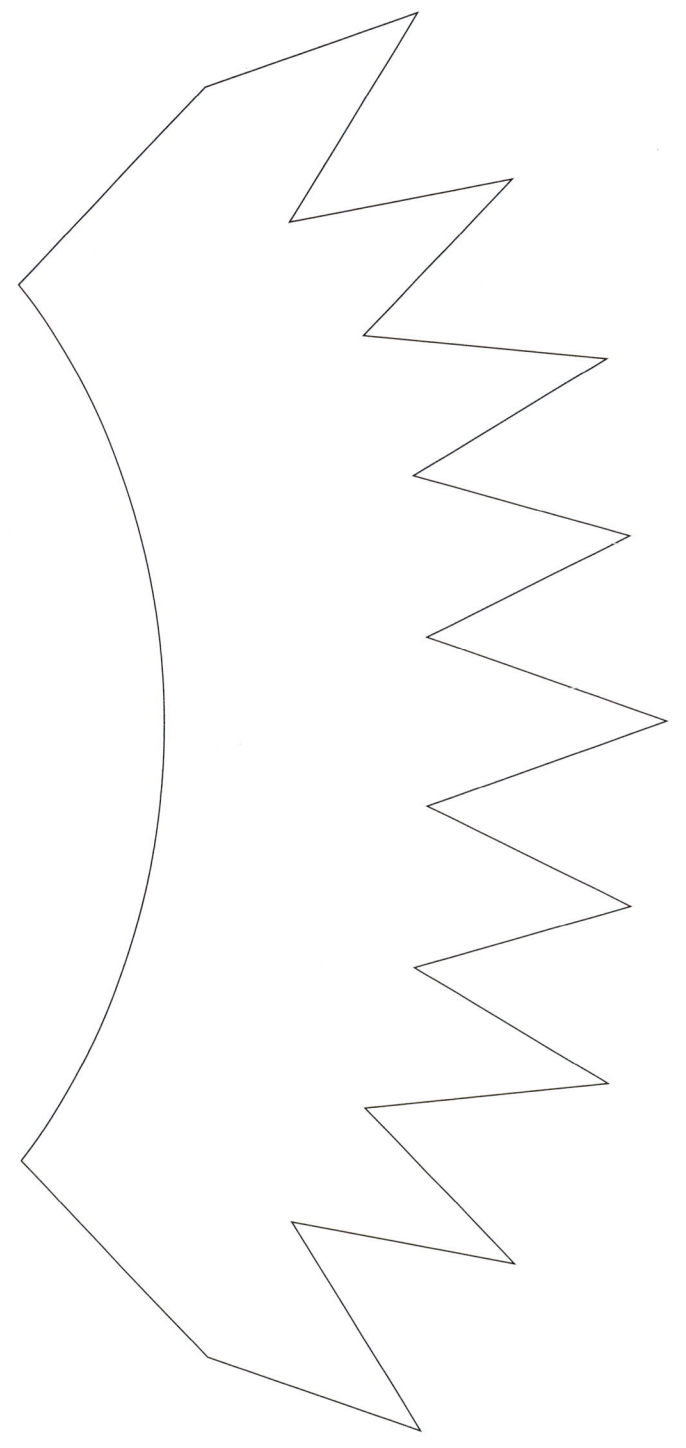

HOME PARTY STAR

2023년 5월 15일 1쇄 발행

지은이	조진영 @jemappelle_jy
펴낸이	문영애
편집	신민주
사진	김정한
디자인	김아름 @piknic_a
모델	김하나, 손지우, 장제이, 정은우, 정은채
인쇄/출력	도담프린팅
펴낸곳	수작걸다
주소	경기 용인시 수지구 동천로64
이메일	suzakbook@naver.com
인스타그램	@suzakbook

ISBN 978-89-699-3042-2 13590

- 이 책은 저작권법에 따라 보호받는 저작물이므로 무단 전재와 무단 복제를 금지하며,
  이 책 내용의 전부 또는 일부를 이용하려면 반드시 지작권지와 수작걸다의 서면 동의를 받아야 합니다.
- 제본에 이상이 있는 책은 바꾸어 드립니다.